의병장
열 전

안동 지역 의병장 열전

초판 제1쇄 인쇄 2012. 12. 17
초판 제1쇄 발행 2012. 12. 21

지은이   권 영 배
펴낸이   김 경 희

경   영   강 숙 자
편   집   최 윤 정
영   업   문 영 준
관   리   문 암 식
경   리   김 양 헌

펴낸곳   (주)지식산업사
          본사 ● 413 - 832, 경기도 파주시 교하읍 문발리 520 - 12
                전화 (031) 955 - 4226~7 팩스 (031)955 - 4228
          서울사무소 ● 110 - 040, 서울시 종로구 통의동 35 - 18
                전화 (02)734 - 1978 팩스 (02)720 - 7900
          한글문패   지식산업사
          영문문패   www.jisik.co.kr
          전자우편   jsp@jisik.co.kr
          등록번호   1 - 363
          등록날짜   1969. 5. 8.

책값은 뒤표지에 있습니다.

ⓒ 안동독립운동기념관, 2012
ISBN 978-89-423-1159-0 (04990)
ISBN 978-89-423-0056-3 (세트)

이 책을 읽고 저자에게 문의하고자 하는 이는
지식산업사 전자우편으로 연락바랍니다.

이 책 발간에는 국가보훈처의 지원이 있었습니다.

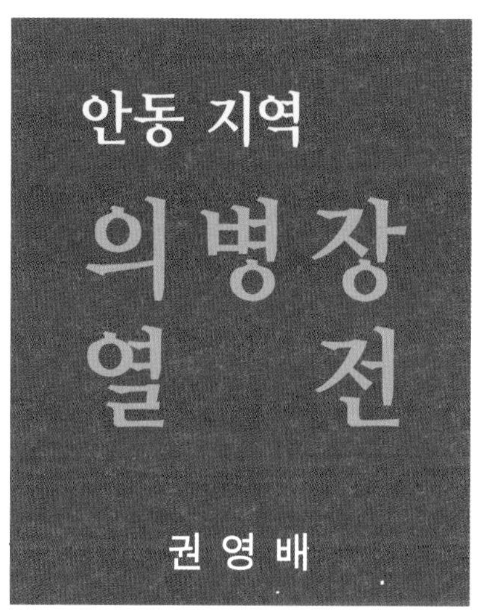

지식산업사

안동 지역 의병장을 찾아서

《안동 지역 의병장 열전》은 안동 지역의 의병장을 찾아서 떠나는 여행이 될 것이다. 시간적으로는 19세기 말에서 20세기 초까지, 공간적으로는 안동 지역을 대상으로 하면서, 의병장들은 어떤 가문에서 태어나서 어떻게 성장했으며 어떤 삶을 살았는지, 그들은 왜 의병으로 나서지 않으면 안 되었는지, 그래서 그 결과는 어떻게 되었는지 등과 같은 끊임없는 질문에 대한 대답을 찾아 나서는 여행이라 해도 좋을 것이다.

그런데 왜 하필 안동 지역인가? 안동 지역이라 하면 우리는 1995년 1월 1일 안동시와 안동군이 통합된 지금의 안동시 지역이라고 말할 것이다. 그건 그렇다. 하지만 구한말 나라를 구하고자 의병들이 일어나던 시기의 안동은 지금과는 사뭇 달랐다. 그때는 안동부安東府 안에 안동군을 비롯한 17

개 군이 있었고, 안동군과는 별개로 예안군이 있었다. 1895
년 전국이 23부 337개 군으로 개편되었을 때의 이야기다.
의병도 안동군에서는 안동의진이 일어났고, 예안군에서는
예안의진이 일어났다. 이 시기 의병부대는 거의 군현 단위
로 일어났기 때문이다. 그렇지만 이 글에서 말하는 안동 지
역은 이 예안이 포함되어 있는 오늘날의 안동시 지역이라는
말이다.

안동 지역은 지리적으로 경북 내륙의 중앙에 위치하였고,
문화적으로 유교 문화권의 하나인 안동문화권의 중심지였
다. 안동 지역에는 퇴계 학맥을 잇고 있는 반촌班村이 많다.
또 일찍부터 동성同姓마을이 발달하였는데, 20세기 초반까
지 그 수가 170여 곳이나 되었다. 동성마을은 마을 안에 문
중을 형성하고, 학맥과 혼반婚班을 통해 유대 관계를 강화해
갔다. 안동 지역은 우리나라 독립운동의 발상지이고, 가장
많은 순국선열 및 애국지사를 배출한 지역이다.

왜 또 의병인가? 민족주의 사학자 백암 박은식은 "의병
이란 민군民軍이다. 나라가 위급할 때 곧바로 의로써 일어
나 조정의 부름을 기다리지 않고 종군하여 분연히 대적하는
자"라고 했다. 또한 영국의 종군 기자 매켄지F. A. Mckenzie
는 의병이 "몸으로 애국심이 무엇인지를 보여 주었다."고 하

였다. 의병들은 스스로 "이기고 지는 것은 알 바가 아니며, 일어나야 하기 때문에 일어난다."고 했다. 그래서 뒤바보로도 알려져 있는 독립운동가 북우北愚 계봉우桂奉瑀는 의병에 대해 "그 이름만으로도 큰 가치가 있다."고 하였던 것 같다.

의병은 나라가 위태로울 때 나라를 구하려고 일어난 민병이었으므로, 그 정신은 3·1운동 때나 6·25전쟁 때나 구국의 정신, 호국의 정신으로 이어졌다. 이러한 의병의 한 가운데에서 의병을 이끌고 도학적 지성과 의리를 행동으로 실천했던 인물이 의병장이다. 의병장들의 가르침은 오늘날을 사는 우리 후세에게 숭고한 정신으로 살아 숨 쉬고 있는 것이다.

안동 지역 의병장으로는, 흔히 을미의병이라고 불리는 전기 의병에서는 안동의진의 창의대장 성대 권세연과 그 뒤를 이은 2대 대장 척암 김도화, 그리고 예안의진의 창의대장 향산 이만도와 그 뒤를 이은 2대 대장 운포 이중린 등이 우뚝하다. 중·후기 의병에서는 독자적인 의병부대를 이끌었던 영남의병지휘장 성남 류시연이 홀로 자리하고 있다. 그렇지만 중·후기 의병 때에도 안동 지역 사람들 가운데 여러 사람이 다른 지역 의병부대에 참가하여 활동하였다는 사실을 아울러 상기할 필요가 있을 것 같다.

　근래에 와서 민족운동사 연구 차원에서 안동 지역 의병에 대한 논의가 자주 있었다. 필자는 글로나마 안동 지역 의병장들을 한 곳에 모실 수 있는 기회가 있기를 고대해 왔다. 그래서 이렇게나마 이 책을 묶어낼 수 있어서 무척 다행으로 여긴다. 의병장 반열에는 오르지 못했지만, 의병장 못지않게 많은 활동을 펼쳤던 의병지도자와 의병들을 함께 찾아보지 못한 안타까움은 실로 금할 길이 없다. 부족한 부분이 많을 줄은 알지만 양해를 바랄 뿐이다.

　끝으로 이 책의 집필을 주선해 주신 안동독립운동기념관 김희곤 관장님, 자료와 사진을 비롯하여 많은 도움을 주신 학예연구실 강윤정 실장님과 한준호 연구사님, 그밖에 여러분께 진심으로 감사를 드린다. 아울러 출판을 맡아 주신 지식산업사 김경희 사장님과 끝까지 교정을 보아주신 편집부 임유진님께도 감사를 드린다.

2012년 12월
대구 팔공산 자락에서
권 영 배

차 례

1

안동 지역 을미의병의 선봉자
성대 권세연

"내가 일찍이 감히 의병장에 임명되어 나라의 원수를 통설痛雪하지 못했으니 부끄럽다. 내가 죽더라도 명銘을 쓸 경우 진실로 창의倡義한 일에 대해 떠벌려서 확대시키지 말라." 권상규權相圭의 〈유사遺事〉에서

1) 영남 굴지의 명가名家에서 태어나다

을미의병 때 안동 지역에서 가장 먼저 의병을 일으켰던 의병장은 성대星臺 권세연權世淵(1836~1899)이다. 권세연의 본관은 안동이고, 자는 조원祖源이며, 호는 처음에는 담와澹窩라고 하였으나 1881년 겨울 영주 성곡星谷, 즉 성대星坮로 이사를 한 뒤부터 성대라고 하였다. 그는 아버지 권진하權鎭夏와 어머니 의성김씨 사이에서 1836년 1월 19일 안동부 내

권세연이 태어난 봉화 닭실 전경

성현 유곡酉谷, 곧 닭실에서 태어났다.

권세연의 가문은 영남에서 이름난 가문으로 꼽힌다. 권세연의 《성대선생문집星臺先生文集》에 실린 〈제족숙이재선생문祭族叔頤齋先生文〉의 글에 이런 구절이 있다.

아! 빛나는 충재冲齋 할아버지시여

도가 쌓이고 충이 드러나셨네.

하당荷堂과 창설재蒼雪齋께서 이어서 태어나시어

선조의 가르침을 잘 빛내셨네.

오직 강좌江佐와 오직 겸와謙窩를 거쳐

이에 낭간헌琅玕軒에 미쳐서

앞을 이으시고 뒤를 열어주시어

우리 후손들을 넉넉하게 하셨다네.

집마다 이어가고 가정마다 전하니

학문의 전함이요 문장의 전통이네.

　　　　　(……)

소자는 외로운 상황에서

장려의 가르침을 깊이 받았네.

책상을 지고 문하에서 모신 지가

오십 년 세월이 흘러버렸네.

경계하여 주신 말씀이

뼈와 가슴에 새겨졌다네.

　권세연이 스승 이재頤齋 권연하權璉夏를 제제祭하는 글의 일
부이다. 여기서 나오는 충재 권벌權橃, 하당 권두인權斗寅,

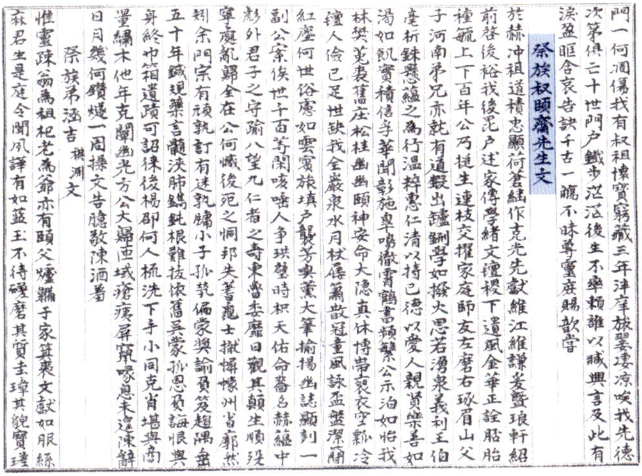

祭族叔頤齋先生文

권세연이 쓴 이재 권연하 제문

창설재 권두경權斗經, 강좌 권만權萬, 겸와 권보權甫, 낭간헌 권모權暮 등은 모두 이 가문의 명성을 있게 한 선조들이다.

권세연의 12대조 권벌(1478~1548)은 연산군 · 중종 · 명종 때의 학자이자 문신으로, 기묘사화와 을사사화에서 충절을 세운 명신이다. 권벌은 1496년 진사가 되었고, 1507년 문과에 급제한 뒤 병조판서 · 경상감사 등 여러 벼슬을 지냈다. 그는 1545년(인종 1) 을사사화 때 삭주로 유배되었다가 그곳에서 세상을 떠났다. 권벌은 삼계서원三溪書院에 제향되었고, 선조 때 영의정에 추증되었다.

삼계서원(봉화읍 삼계리)

　　권세연의 11대조 청암靑嵒 권동보權東輔는 군수, 10대조 석천石泉 권래權來는 군자감정軍資監正을 지냈다. 7대조 권두경은 홍문관 수찬修撰을 지냈는데, 재종형인 권두인과 함께 문장과 학술이 일세에 뛰어났다. 6대조 권모는 당호가 관행당觀行堂이고, 문적으로 《관행당세고觀行堂世稿》가 전해지고 있어, 세상에서 그의 집을 '관행당'이라 부르고 있다. 관행당은 선조의 가르침을 실천하는 공간일 뿐 아니라 권세연 가문의 상징이기도 하다.

　　그리고 그의 5대조 소산小山 권정택權正宅과 고조부 유양酉陽 권사호權思浩도 각각 현감을 지냈고, 증조부 권의도權義度

14

권세연의 생가 관행당과 현판(《성대 권세연선생 추모 학술강연회》)

는 생원이었다. 조부 권재화權載華와 아버지 권진하도 학계에 명망이 있었으나, 불행하게도 일찍 세상을 떴다.

2) 가학을 잇는 것으로 뜻을 삼다

1844년 권세연이 9살 때 어머니 의성김씨가 세상을 뜨자, 그는 봉화읍 해저리 바래미마을의 외삼촌 진사 김매수金邁銖·김달수金達銖 형제의 애지중지하는 가르침을 받았다. 권세연은 "자신의 배를 채워주고, 자신의 몸에 옷을 입혀주고, 글자를 구분하게 하고, 세상의 청탁을 구분할 수 있게 한 것

_ 석주 이상룡 생가 임청각

은 진실로 외숙부와 외숙모의 은혜"라고 술회하였다. 김달수의 부인인 외숙모는 정재定齋 류치명柳致明의 딸로서 법도 있는 가르침을 받은 여성이었다.

더불어 안동 법흥동의 고성이씨 이종태李鍾泰·이승목李承穆 부자의 보살핌도 많이 받았다. 이종태는 부모를 잃은 그를 가련하게 여기고, 40년을 하루같이 돌보아 주었다고 한다. 권세연은 이승목이 자신을 어린 시절부터 지금까지 도와주어 "의리로는 사우師友이고 정으로는 골육"이라고 하였다. 또 그는 이승목을 "옥같이 아름다운 낙동강변 임청각臨

淸閣에서 백년의 밝은 기운으로 태어난 참 선비"라고 칭송하
였다. 이승목은 석주石洲 이상룡李相龍의 아버지이자 권세연
의 매형이다.

권세연은 1852년 부친상을 당하자 마침내 가학을 잇는 것
으로 뜻을 삼았다. 그때 그의 나이 17세였다. 그는 기천杞泉
권승하權承夏·권연하의 문하에서 공부하였다. 권승하·권
연하 형제 또한 권세연의 글공부에 대해 만족해하며 그를 가
상히 여기곤 하였다.

20세가 되던 1855년부터는 류치명의 문하에서 이돈우李敦
禹·이만각李晩慤·강건姜楗·김흥락金興洛 등의 학자들과 함
께 공부하였다. 이때 류치명은 권세연에게 "입지立志를 앞세
우고 거경居敬을 다음으로 하여 공부하라."고 가르쳤다. 그
리하여 그는 학문을 하면서 입지를 우선으로 하고 거경을 다
음으로 하게 되었다고 한다.

처 재종숙 긍암肯庵 이돈우(1807~1884)로부터도 소년 시절
부터 많은 가르침을 받았다. '세연'이란 이름과 '조원'이란 자
도 이돈우가 지어준 것이라 한다. 권세연이 과거시험 공부
에 힘을 쓰자, 이돈우는 "과거에 합격하고 싶은 마음이 그른
것은 아니지만, 잡념을 버리고 학문에 힘을 쓰게 되면 마침
내 영광이 한 번 과거에 급제하는 것보다 못하지 않을 것이

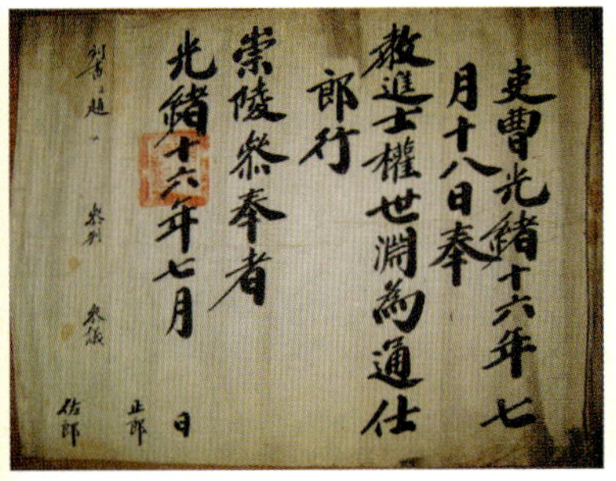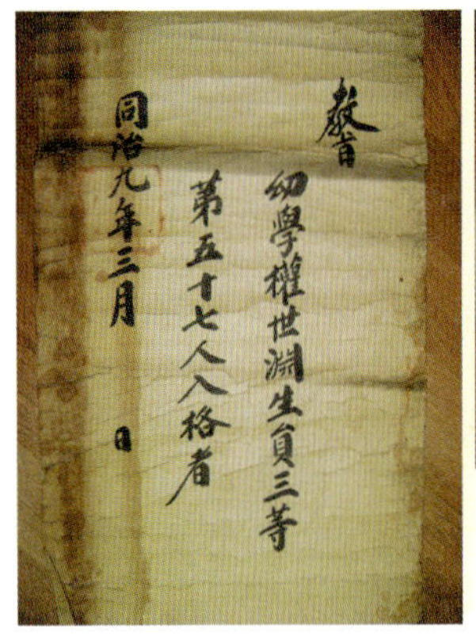

생원 입격(왼쪽)과 숭릉참봉(위)
교지(《성대 권세연선생 추모학술
강연회》)

다."라고 하였다. 이돈우는 권세연에게 학문이 과거 급제보다 더 중요하다는 것을 깨우쳐 주었다.

권세연은 부모가 일찍 돌아가셨으므로 생활이 여의치 않았다. 그 때문에 1877년 풍기로 옮겼다가, 1881년 겨울에 다시 영주 성곡으로 이사를 하였다. 이때 많은 선비들이 와서 배우기를 청하였으므로 경사經史와 시문을 강론하여 학풍을 크게 진작시켰다. 그리고 이를 통해 많은 인사들과도 사귀게 되었다.

권세연은 1870년에 생원이 되었고, 1890년에는 남정철南廷哲의 천거로 숭릉참봉崇陵參奉에 임명되었으나 신병을 이유로 곧 물러났다. 그는 주변의 만류에도 불구하고 고향으

로 돌아왔다. 정국이 변하여 나라가 날로 위태로워지자 벼
슬을 단념하였던 것이다. 이때의 심정을 그는 시랑侍郎 남정
철에게 보내는 시에서 다음과 같이 읊었다.

> 늘어진 교남 구름에 게으른 새 돌아오니
>
> 속세를 향한 마음 다한 곳에 이 몸이 한가롭네.
>
> 쓸쓸한 필마로 도성의 쪽길 벗어나니
>
> 강과 바다의 가을바람 소매에 가득 차가우네. 권세연.〈경
>
> 인7월18일몽 숭침 사제휴관귀일이2절정남시랑정철庚寅七月十八日蒙
>
> 崇侵 思除休官歸日以二絶呈南侍郎廷喆〉,《성대선생문집星臺先生文集》상,
>
> 21쪽.

1893년 영주 성곡에서 봉화 유곡으로 돌아온 그는 문중
자제들의 학업 증진에 힘썼다. 문중 자제들 가운데 재주가
있는 자제들에게는 재주를 성취시켜 주었으며, 아무리 재주
가 둔한 자제들이라 할지라도 반복해서 가르침으로써 일찍
이 어리석다고 하여 버리는 일이 없었다고 한다.

그는 한산이씨 이문직李文稷의 딸과 혼인하였으나 사별하
고, 상산김씨商山金氏 김성모金聖謨의 딸과 재혼하여 슬하에
4남 1녀를 두었다. 부인 상산김씨는 살림이 빈궁하여 삯바

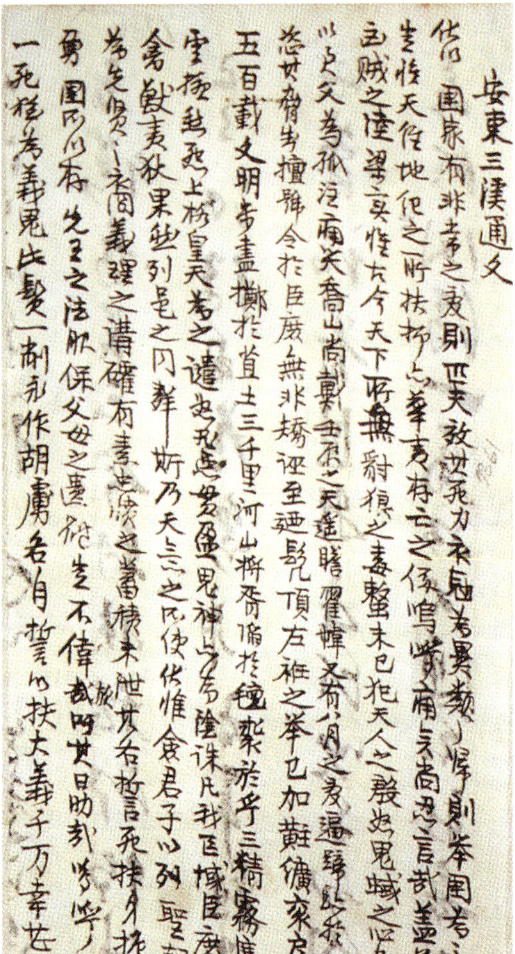

安東三溪通文

佐國家有非常之變則匹夫敢死力衛國者異焉則擧國者之腹心
生惟天�|地之所扶抑之之擧夷狄者二之係嗚呼甫之言武蓋於夷狄
毐賊之徒望其惟左今天下所無尉狼之毒螯未已犯天人之心舟相
以臣父為孤泡雨夫喬山尚載爽天遠膳瞿蠵又有八月之變遍歸宮禁
恣女脅苄擅雜令於臣廢之無非矯誣至涯髡頂方袓之擧已加黈儂家家之上
五百載文明步盡攤於道土三千里河山拚畜偏於鏡粲於三精霧塞今東
霊摧越迯上祔皇天考之遭迯夗遷鬼神之考陰誅氏我臣域臣庶同憤
禽獸責狄果毖列皀之凶葬一斯乃天三之心使佑惟食君子以列聖朝之臣
荐先覓一裀義理之講確有壽志漠之當橫未世其名柘言死扶身扼腕敢
勇圍岡冈有先王之法脈保父母之遺従生不偉載四黃日助救特學
一死猶為義鬼此髮一制永作胡虜名自誓以扶大義千万幸甚

〈삼계통문〉

20

느질을 하는 형편이었지만, 아이들을 키우고 제사를 받들고 찾아오는 손님을 접대하면서도 항상 후덕한 모습을 보였다고 한다.

권세연은 자녀들에게 검소한 생활을 강조하였고 교만을 경계하도록 하였다. 그는 "교만이라는 것은 모두 악의 으뜸이다. 내가 이름 있는 집안의 후예를 보면 일찍이 교만하여 패하지 않은 자가 없었다. 너희들은 이를 가장 경계하라."라고 하였다.

3) 안동의진 창의대장에 올라 지휘부를 편성하다

1895년 8월 20일에 일어난 을미사변과 그해 11월 15일에 내려진 단발령에 반발하여 전국 각지에서 의병이 일어났다. 단발령이 내려지고 12일 뒤인 11월 27일 단발을 하라는 공문서가 안동부에 도착하자 안동 지역 각지에서도 여론이 들끓고 통문이 돌기 시작했다. 통문은 1895년 11월 29일 발의된 〈예안통문禮安通文〉에 이어, 이틀 뒤인 12월 1일에는 〈삼계통문三溪通文〉·〈청경통문靑鏡通文〉·〈청경사통靑鏡私通〉이, 그 다음날 12월 2일에는 〈호계통문虎溪通文〉·〈하회통문河回通文〉이 각지로 돌아 창의를 촉구하였다. 〈안동통문〉도 비슷한 시기에 나돌았다. 그리하여 〈예안통문〉

은 예안의진의 결성으로, 〈청경통문〉·〈호계통문〉·〈안동통문〉은 안동의진의 결성으로 이어졌다.

청성서원靑城書院과 경광서원鏡光書院에서 발의한 〈청경통문〉은 1895년 12월 3일 안동 봉정사鳳停寺에서 면회를 가지자고 제안하였다. 또한 호계서당의 도유사 도사 김도화金道和, 재유사 유학 김윤모金潤模, 전 지평 김흥락金興洛, 유학 김상수金常壽, 전 도정 류지호柳止鎬, 회원 김양진金養鎭 등이 발의한 〈호계통문〉도 12월 3일 안동향교에서 모이자고 제안하였다. 더불어 〈하회통문〉은 풍산 주막거리에서 모이자고 제안하였다. 그 결과 봉정사 면회에는 겨우 40~50명

_ 안동향교의 옛 모습

이 모이는 데 그쳤지만, 많은 사람들이 안동향교로 모이면서 12월 5일에는 그 수가 1,000여 명이나 되었다.

이튿날인 12월 6일 다시 안동부 관아 삼우정三隅庭 앞뜰에서 1만여 명이 모여 향회를 열었다. 여기에는 수좌 김흥락·김도화·류지호·류도성柳道性·류지영柳芝榮·류난영柳蘭榮 등이 참여하였다. 향회에서 이들의 천거로 봉화 닭실의 권세연이 안동의진의 대장으로 추대되었다.

대장이 된 권세연은 12월 7일 의진의 지휘부를 편성하였다. 지휘부의 명단은 〈안동의소파록安東義所爬錄〉에서 확인할 수 있는데, 그 내용은 아래와 같다.

대　장 : 권세연

부　장 : 곽종석郭鍾錫

참　모 : 류연박柳淵博·이상기李相基·류선영柳善榮·

　　　　권병추權炳錘

내방장 : 김진림金震林·김진의金鎭懿

외방장 : 강　담姜鐔·류응목柳膺睦

좌익장 : 이운호李運鎬

우익장 : 권용현權用鉉

전봉장 : 김익장金翼張

돌격장 : 권진순權鎭淳

유격장 : 김회락金繪洛 · 권인술權仁述

석격장 : 권재추權在錘

척후장 : 김흥락

초모장 : 권옥연權玉淵

도서기 : 류정호柳廷鎬 · 이건李瑾 · 류필영柳必永 ·

　　　　강황姜璜 · 이정좌李廷佐

서 기 : 이운구李雲九 · 김하림金夏林 · 김진휘金縉輝 ·

　　　　류연즙柳淵楫 · 김한락金翰洛 · 이종만李鍾萬 ·

　　　　이성구李性求 · 류회식柳晦植

정제유사 : 김주병金周秉 · 김윤모 · 이만구李萬求

종사관 : 이중삼李重三 · 김서락金瑞洛 · 류창식柳昌植

출 령 : 류헌호柳憲鎬 · 김호락金浩洛

중 군 : 류완柳琓

관 량 : 김종연金鍾淵

관 재 : 김항락金恒洛

모병도감 · 유사 :

모량도감 · 유사 :

사병도총 · 유사 :

행부상도총 : 권돈연權敦淵

군문도총 :

직　일 : 강봉원姜鳳元 · 이수병李壽炳

　안동의진 진용은 대장 아래 부장 · 참모 · 내방장 · 외방장 · 좌익장 · 우익장 · 전봉장 · 돌격장 · 유격장 · 척후장 · 초모장 · 종사관 · 출령 · 중군 등 다양한 직책으로 편성되었다. 여기에 선임된 인사만 해도 46명에 이르렀다. 성씨로는 김씨가 14명으로 가장 많았고, 그 밖에 류씨 10명, 이씨 10명, 권씨 8명 등이었다. 학파로는 권세연 · 김흥락 · 권옥연 · 류필영 · 류창식 등 류치명의 문인들이 23명이나 되어 가장 많았다.

　안동의진의 지휘부는 대규모 조직으로 편성되었고, 인사들은 안동 지역 선비들인 류치명의 문인들이 중심을 이루었다. 비록 의진 조직에 빈자리가 있어 완전하지는 못하였지만 안동부청을 장악한 그 위세는 자못 컸고, 그 기세에 놀란 관찰사 김석중金奭中은 결국 도망을 쳤다.

4) 창의대장은 눈물을 씻고 격문을 띄우다

　권세연은 창의대장倡義大將에 오른 뒤 대장직을 사퇴할 때까지 약 두 달 동안 안동의진을 이끌었다. 그동안 그는 격문

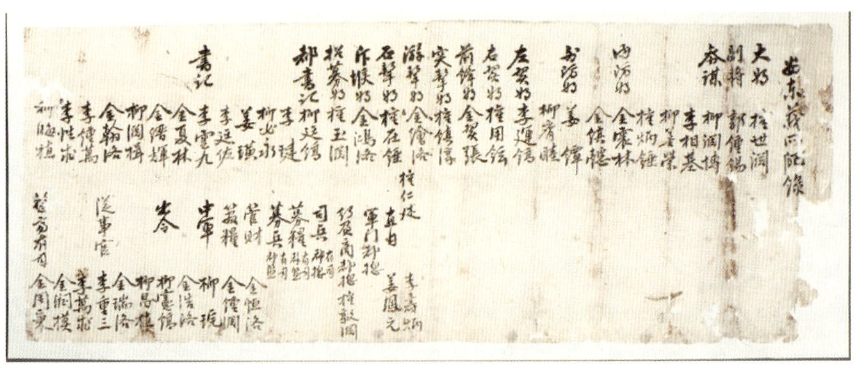

〈안동의소파록〉(위)와 권세연의 〈창의격문〉(아래)

檄文과 통문을 각지에 발송하여 의병 참여를 촉구하는 한편, 관군과 일본군의 공격에 맞서 전투를 치렀다. 또한 군자금을 모아 진용을 정비하면서 의병부대의 전력도 강화하였다.

가장 먼저 선포한 격문은 〈경상도안동창의대장권세연격

慶尙道安東倡義大將權世淵檄〉이다. 이 격문은 12월 6일 안동부 삼우정에서 열린 향회에서 포고된 것인데, 내용은 다음과 같다.

〈경상도안동창의대장권세연격〉

안동창의대장은 눈물을 씻고 격문을 띄웁니다. 천지의 위치가 있듯이 중화中華와 오랑캐의 위엄이 같을 수 없고, 춘추春秋의 법도法道가 엄연히 있어 난적亂賊의 죄는 벗어날 수 없습니다. 이러한 까닭에 나라에 욕이 되는 망극한 변變이 있으면 사람들은 분개하며 설욕할 마음을 가지게 됩니다. 호전胡銓(송나라 고종 때의 명신)이 죽음을 무릅쓰고 상소를 돌리며 천 리 밖에서도 낙담을 했고, 안고경顏杲卿(당나라 현종 때의 충신)이 적을 꾸짖어 의리로 항거하니 여러 나라가 이를 따랐습니다. 이는 모두 충분忠奮이 가슴 속에 격동하여 천하의 강상綱常을 바로잡아 놓은 것입니다. 이제 오랑캐를 몰아내고 적을 토벌하는 일에 있어서 누가 목숨을 바쳐 나서지 않을 사람이 있겠습니까.

슬프다. 저 왜놈들은 분수로 말하면 2백 년 동안 조공을 바치던 나라이며, 원수로 말하면 4백 년 동안 이를 갈던 적입니다. 설사 성심과 호의로 화친을 청해 온다 하더라도 오히려 그 살을 씹고 가죽을 깔고 자고 싶은 마음에 보기도 싫을 것인데, 감히 방자하게 간사한 꾀를 부려 까닭 없이 트집을 만들고 있습니다. 망명한 역적 신하들과 손잡고 무뢰한 무리를 종용하며, 한 가지 기술의 장점을 과장하여 우리의 용기를 좌절시키며, 오영五營의 군사를 억압하여 우리의 손발을 묶으며, 우리의 군주를 협박하여 우리의 대신을 죽이며, 연호年號를 황제의 예로 쓰게 한 것은 중국과 이간시키자는 수작에서 나온 것입니다. 재정財政을 내어 구제한다는 것은 어리석은 백성을 유인하고 우롱하는 데 지나지 않으며, 열성列聖의 헌장을 함부로 고치고 선왕先王의 법복法服을 강제로 훼손하며, 악독한 손길이 대궐 안까지 뻗치니, 신하된 자로서 차마 무슨 말을 할 수 있겠습니까? 머리 깎는 칼이 도마 위에 오르니 고금에 이와 같은 변고는 없었습니다. 작지 않은 나라가 한 번 싸워보지도 못하고 저 견양犬羊과 같은 외침外侵에 위태로워지게 된 것은 실로 흉악하기 그지없는 역적의 내통이 있었기 때문입니다. 전일 4역적의 죄는 만 번 죽여도 오히려 가볍고, 지금 10신하의 간사함은 온 나라가 함께 분노하는데, 오히려 감히 임금의 거짓 명령을 빙자하여 장차 생령生靈의 머리를 깎으려 하니, 아! 애통하도다. 저 괴수를 없애지 못하면 지하에서 선왕을 뵐 면목

이 없을 것이며, 이 머리를 보존하지 못하면 무슨 마음으로
세상을 살아간단 말입니까.

(……)

아! 인정은 대개 서로 마찬가지인데, 하늘의 이치가 어찌
영원히 땅에 떨어지오리까. 이 격문의 사연을 듣는다면 반
드시 통곡하는 사람이 있을 것입니다.

을미 12월 ○일, 경상도 안동창의대장 권세연이 외치노라.

이 격문에서 창의대장 권세연은 옳은 것은 지키고 그
릇된 것은 배척한다는 ‘위정척사 이념’을 바탕으로 “천
지의 위치가 있듯이 중화와 오랑캐의 위엄이 같을 수 없
고, 춘추의 법도가 엄연히 있어 난적의 죄는 벗어날 수
없다.”라고 하여 문명과 야만의 분별을 강조하였다. 그
렇기 때문에 문명의 법속法俗을 뜯어 고쳐 야만으로 빠질
수 없으며, 변란을 일으켜 나라를 어지럽히고 국모를 살
해한 난적들을 두고 볼 수가 없으므로 의병을 일으켜야
한다는 것이다. 이러한 성격의 의병을 흔히 ‘척사의병’이
라고 한다.

권세연은 이 격문을 경상도 여러 곳으로 발송하여 민심
을 크게 고무시키는 한편, 침략 세력인 일본에 대한 적개

심과 친일 개화 관료에 대한 증오심을 고취하며 의병을 결집해 나갔다.

5) 태백산 구마동으로 들어가 재기를 준비하다

1895년 12월 7일 권세연은 지휘부를 편성한 뒤 안동경무서에 설치된 성청星廳으로 나아가 직무를 보기 시작했다. 관찰사가 이미 도망을 친 상태였으므로 의진은 무혈입성으로 안동부를 장악할 수 있었다. 권세연은 먼저 경무서 현판을 내렸다. 그리고 사람을 보내 부장 곽종석을 맞아 오도록 했다. 이튿날 아침에는 대장단大將壇을 세웠다. 그런데 곽종석은 부름에 응하지 않았다. 그는 나중에야 자기 자신의 소심함을 후회하였다.

이 당시의 상황을 일본의 한 언론에서는 아래와 같이 보도하였다.

안동의 적(의병) 세력은 실로 다수로서 1만 명이라 하며, 그 개요는 이미 전보로 보고한 것과 같다. 경상도 대구에는 우리 병참부가 있어 스즈키[鈴木] 소좌少佐가 약간의 수비병으로 여기를 지키고 있고, 기타 낙동강과 충청도의 가흥에도 우리 병참부가 주재해 있기 때문에 안동의 적(의병)들은

안동의병 1차 전투도

부산 방면으로 내려갈 수도, 충청도를 향해 올라갈 수도 없
다. 우리 수비병을 두려워하여 오직 안동과 그 부근에 모여
있다. 앞 보고에서도 말한 바와 같이 안동부청은 적(의병)의
손에 들어가고 관찰사는 간신히 도망하였다. 《동경조일신문東
京朝日新聞》 1896. 2. 4. '안동적세安東賊勢'.

일본군이 안동부의 정세를 파악하여 보고한 내용으로써,
안동의병의 세력이 1만 명에 이르지만 대구와 충청도 가흥
에 주둔한 일본군을 두려워하고 있으며, 안동부 관찰사는
도망을 쳤다는 내용이다. 이 기사의 보도 날짜가 2월 4일(음

12. 21)이므로, 안동의진이 조직된 지 약 보름이 지난 뒤의
이야기이다.

　안동의진의 기세에 놀라 도망쳤던 관찰사 김석중이 대구
부 소속 관군을 이끌고 안동부 공격을 준비하였다. 12월 10
일 예천에 진을 친 관군 300여 명과 일본군 100여 명은 예
천군수 류인형柳仁馨의 접대를 받은 뒤, 산양과 풍산을 거쳐
안동으로 진격하였다. 12월 12일 관군과 일본군이 공격해
온다는 소식을 들은 권세연은 선봉장 김옥서金玉瑞에게 포군
砲軍 70여 명을 거느리고 예천으로 나가 맞서 싸우도록 하
고, 더불어 중군 류완에게 40~50명을 거느리고 돕도록 하
였다. 이튿날 12월 13일에는 우익장 권용현에게 군정軍丁
60명을, 14일에는 좌부장 이의호李宜鎬에게 100여 명을 거
느리고 나가 싸우도록 하였다. 선봉장이 거느린 의병과 관
군 및 일본군의 전투가 안동과 예천의 접경지인 풍산읍(지금
의 현애리) 감애에서 벌어졌다. 그러나 선봉장 김옥서의 부대
는 패하고 말았다.

　첫 전투에서 패한 선봉장은 전열을 가다듬고 12월 15일
새벽, 다시 공격을 시작하였다. 그러나 일본군이 백일령白日
嶺을 넘어 공격해오자 의병들은 제대로 싸워보지도 못한 채
3~5시경 모두 흩어져 버렸다. 또한 풍산에 머물던 의병들

도 모두 해산하였다. 우익장과 좌익장이 이끌던 부대도 송현松峴 고개에서 관군에 대항할 방책을 찾지 못하고 흩어지고 말았다.

일본군이 승리하였다는 소식을 들은 관찰사 김석중은 12월 18일 관군을 거느리고 안동부에 들어왔다. 김석중은 의병이 남기고 간 〈창의도록倡義都錄〉을 수습하였으며, 주민들에게는 단발을 강요하였다. 이때 류지호는 단발 문제로 관찰사에게 잡혀가 온갖 곤욕을 당하였다. 안동의진은 관군과 일본군의 공격에 맞서 싸웠으나 패함으로써 안동부를 빼앗겼다. 권세연은 태백산의 구마동九麻洞으로 들어가 의병을 모으고 무기를 구입하는 등 재기를 준비하였다. 구마동은 오늘날의 봉화군 소천면 고선리이다. 이 무렵 예안의진도 청량산에서 재기하여 진용을 갖추고 있었다. 이러한 의병의 위세에 눌린 관찰사 김석중은 순검 2명과 함께 1896년 1월 7일 다시 안동부를 빠져나가 서울 쪽으로 달아났다. 그러나 그는 문경 가은에서 이강년李康秊부대에게 붙잡혀 1월 13일 (양 2. 25) 농암장터에서 처형되었다.

당시 상황을 죽산竹山 박정수朴貞洙는 〈운강선생창의일록雲崗先生倡義日錄〉에 이렇게 적고 있다.

奭中爲安東觀察 勒郡人 剃髮大行暴虐 安東入士
興擧義兵奭中懼而奔還是時賊勢猖獗人心凶懼
公曰飮斗酒撃鋼長吁有傳提川義聲甚盛者遂送
家僮召密嶺店砲射手十餘人給銃劍鐵如意公伯
父宰朔州時所鑄也進道胎市諭以國讎當復曰三
汝軰皆須從軍違令者斬一市人皆聽命秘駐汪陵
市總三百餘人從募康壽出捐二百金貿米餉軍把
守告有峽中潜走者督金村人聚擁三羝而來乃奭
中浩允仁羃也縠以爲賊瓜牙之罪集首警衆
三十三年[丙申]春正月往安東與義將權公世淵議軍事
而還

〈운강선생창의일록〉

어느 날 파수병의 보고에 "몰래 산속으로 달아나는 자가 있다."라고 하므로, 곧 마을 사람들을 보내어 머리 깎은 자 셋을 잡아오니, 바로 김석중과 이호윤李浩允·김인담金仁覃이었다. 공(이강년)은 "이자들이 적의 앞잡이로서 백성들을 해쳤다."라고 하여 목을 베어 매달아 군중들에게 본을 보였다.

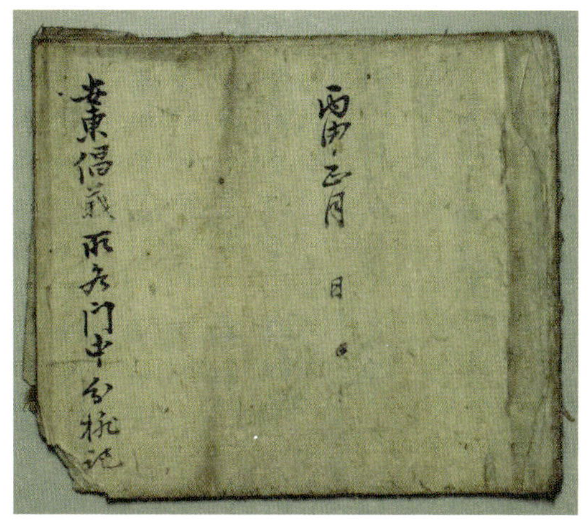

안동창의소 각문중분배기(한국학중앙연구원 소장)

이강년은 김석중이 개화정부의 매국 대신 및 원수 왜놈과 한편이 되어 양반과 상민을 막론하고 강제로 머리를 깎고 겁탈한 죄를 낱낱이 지적하고, 《춘추》의 "난신적자亂臣賊子는 누구나 죽일 수 있다."는 의리에 의거하여 그의 목을 베어 여러 사람들에게 경계하도록 하였던 것이다.

6) 안동부를 다시 장악하고 지휘부를 개편하다

1896년 1월 13일 권세연은 이상룡·류시연柳時淵 등과 함께 안동부로 무혈입성하여 안동향교에 진을 쳤다. 이때 김우창金禹昌의 영주의병 등 인근 군현의 의병들도 함께 입성하였다. 안동향교에 진을 친 안동의진의 지휘부는 의연금을 모금하여 군비를 확충하고 진용을 정비하였다. 당시 유생들이 이끄는 의병부대는 부대 운영과 군사훈련에 많은 어려움이 있었다. 권세연을 가까이서 보좌하던 생질 이상룡도 이러한 문제점을 잘 알고 있었다. 따라서 의진 지휘부는 군비의 확충과 진용의 정비를 서두를 수밖에 없었다.

권세연은 먼저 군자금을 확보하기 위해 향회를 열고 각 문중과 향교, 그리고 서원별로 의연금을 분담시켰다. 1월 16일 향회에서 우선 의연금 2천 냥이 모금되었다. 1월 21일 다시 성청에서 향회를 열어 안동 일대의 문중과 향교와 서원별로 의연금 기부를 약속받았다. 그 결과 안동부와 그 관할 속현 21개 지역의 151개 문중과 향교·서원 등 40개 기관에 모두 2만 냥이 넘는 거액이 배정되었다.

이어서 의진의 지휘부가 개편되었다. 1월 24일 권세연은 하회의 류난영을 제군문도도총諸軍門都都總으로 영입하여 조직을 보다 전투적인 체제로 개편하였다. 새 지휘부의 편성은 이긍연李兢淵의 《을미의병일기乙未義兵日記》(1월 24일)에 다음과 같이 나타난다.

의병대장 시 환도(《성대 권세연선생 추모학술강연회》)

상　장 : 권세연

도　총 : 류난영

부　장 : 김하림金夏林

중　군 : 권재호權載昊(文八)

도포장 : 오선吳宣

좌포장 : 김金○○

우포장 : 유劉○○

서　기 : 소호蘇湖 이李○○, 미동美洞 김金○○,

　　　　보현甫峴 권제녕權濟寧, 금계金溪 김金○○

　새로 조직된 지휘부는 조직을 보다 전투 체제로 개편하는 동시에 의진 내부의 갈등을 해소하려는 의도가 엿보인다. 그것은 권세연이 부장 김하림 외에 신진인사들을 많이 기용한 것과, 병산서원屛山書院 계열의 인사 류난영을 도총으로 영입한 것에서 짐작할 수 있다. 류난영을 지휘부에 임명한 것은 병산서원 계열 인사들의 협조를 얻고자 한 측면이 있었던 것이다. 실제로 안동의진은 12월 3일 봉정사 면회 이후 풍산류씨들의 협조를 얻지 못하고 있었다.

안동의진이 새롭게 조직된 다음날인 1월 25일, 봉화의진의 금석주琴錫柱가 포정砲丁 50여 명을 이끌고 안동으로 들어왔다. 그리고 1월 27일에는 제천 호좌의진의 소모장 서상렬徐相烈이 정병精兵 100여 명을 거느리고 안동으로 들어왔다. 그리하여 권세연은 1월 28일 연무당에서 봉화의진과 제천의진 및 안동의진의 3진이 연합하는 의식을 행하였다. 세 의진은 병사 약 800명으로 연합식을 갖고, 황소 3마리와 쌀 20말로 음식을 준비하여 잔치를 베풀었다.

7) 대장직을 사퇴하고 태백산 구마동에 은신하다

권세연은 3진연합 의식을 행한 다음날인 1월 29일 40~50여 명의 향원이 참석한 향회에 '의병재거후의장단자義兵再擧後義將單子'를 보내어 대장직 사퇴 의사를 전하였다. 단자는 권세연을 가까이에서 보좌한 이상룡이 대신 작성한 것이었다. 그 사연을 이긍연의 《을미의병일기》에서 찾아보면 이러하다.

이긍연의 《을미의병일기》 1896년 1월 29일자

1월 29일(양 3. 12) 맑음

(……) 대장이 명령을 내리기를, 삼문三門 밖에다 향회를 열라고 하였는데 오후 늦게까지 스스로 오는 이가 없었다. 그렇게 되자 다시 "향원이 이미 들어오지 않았다면 할 수 없이 도청에다 단자를 올릴 수밖에 없다."고 하여 사태가 매우 걱정스럽게 되었다. 그리하여 고을 사령使令으로 하여금 각 집으로 급하게 통기通奇를 하였으나 다시 모인 사람이 40~50명에 지나지 않았다. 좌석을 배치하고 단자가 좌중에

도착하자 네 사람이 단자를 받들고 장영 안으로 들어갔다. 대장은 "본래 자격을 갖춘 사람이 아니어서 지난해에 패배한 일은 다시 말할 필요조차 없지만, 지금은 군부가 그 모양을 갖추었다고 할 수 있다. 그러므로 스스로 물러나는 것이 공사 간에 있어서 합당할 것이다."라고 하였다.

이는 권세연이 향회를 개최할 것을 명령했으나 사람이 모이지 않아 마을 사령으로 하여금 다시 급하게 통기를 해서 겨우 40~50명이 모인 가운데서 향회를 열었다는 내용이다. 이 향회에서 권세연의 대장직 사퇴 단자가 받아들여졌다. 대장직을 사퇴한 이유에 대해서는 "지난해 패배한 일은 다시 말할 필요조차 없지만, 새롭게 군사의 모습을 갖추었으니 이제 대장직을 물러나는 것이 합당하다."고 한 내용이 전부다. 즉 관찰사 김석중이 이끄는 관군에게 패하고 의진이 다 흩어졌던 상태였으나 군사를 수습하여 다시 안동부를 장악하고 진영의 체제도 이만큼 갖추어 놓았으니, 이제는 물러나겠다는 뜻이었다.

1월 13일 안동부를 탈환한 뒤 권세연은 군자금을 확보하고 의병진용을 재편성하는 등 왕성한 활동을 보였다. 그럼에도 불구하고 자진 사퇴라는 형식으로 대장직에서 물러났다. 따라서 첫 전투에서 패하고 안동부를 빼앗겼던 책임을 지겠다는 것만이 사퇴의 유일한 이유는 아닌 것 같다. 곽종석이 지은 묘갈명墓碣銘에는 국왕의 의병 해산 조서를 받고 대장직에서 물러난 것으로 기록하였는데, 그 조칙 때문만도 아닌 것 같다. 그렇다면 안동의진의 주도층 내에 존재하던 '병호屛虎 갈등' 때문일 가능성도 크다. 그것은 예천 유생 박주대朴周大의 《저상일월渚上日月》을 보면 짐작할 수 있는데, 그 내용은 이러하다.

> 당초 안동집회는 류(하회)·김(안동) 양대兩臺가 주동하여 관찰사에게 삭발을 반대하는 소장疏章을 올렸던 것인데, 동변東邊의 연소하고 재빠른 모씨가 두 집안의 풍색이 어그러짐을 헐뜯어 마침내 의병소를 설치하기에 이르렀던 것이다. 안동의 존망이 이 한 의거에 달려 있는데, 어찌 두려운 일이 아니겠는가.

이것은 단발령에 반대하는 상소를 풍산의 풍산류씨와 금계의 의성김씨가 주도하여 올렸으나 막상 창의 과정에서는 호계서원虎溪書院을 중심으로 류지호 등이 창의함으로써 병산서원 중심의 인사들이 소외된 것을 염려한 내용이다. 권

_ 권세연 묘소(《성대 권세연선생 추모학술강연회》)

세연이 대장직을 사퇴한 중요한 이유 가운데 하나가 이러한 의진 내부의 갈등 때문이었다는 것이다.

권세연이 1월 29일 대장직을 사퇴하자 척암 김도화가 새로운 대장으로 추대되었다. 2월 1일(양 3. 14) 안동의진 2대 대장에 취임한 김도화는 새로이 지휘부를 개편하고 의진을 이끌었다. 대장직을 사퇴한 이후 권세연의 행적은 《성대선생문집》 '부록'에 실린 아들 권상규의 〈유사〉에 나타난다. 그는 사직한 뒤 고향으로 돌아와서 태백산 구마동으로 들어가 은거하였던 것이다.

8) 내가 죽더라도 창의한 일에 대해 떠벌리지 말라

　권세연은 1899년 12월 10일(양 1900. 1. 10) 향년 65세로 세상을 떠났다. 김도화·이만도李晩燾·김형모金瀅模 등 많은 학자들이 슬퍼하였다. 이만도는 그를 "안동의 인물로 백부百夫의 영웅이었고, 관행당의 가성家聲이 7세에 와서 융성했다."고 애도하였다. 또 김형모는 "김흥락에 이어 권세연이 유림의 명맥을 잇는 위치에 있었으나 떠나게 되어 슬프다."고 하였다. 이는 권세연이 안동권씨 출신이라는 가문적 배경이나 류치명의 학문을 이었다는 점에서도 중요하지만, 그의 삶이 당시의 사회적·학문적 요구에 부응하였으며, 국가적 위기에서 이념적 차원을 넘어 탁월한 실천가로서의 면모를 보여주었기 때문일 것이다.

　묘지는 처음 금당金塘 선조의 묘역에 안장되었다가 나중에 예안 다락산多樂山 사향巳向의 언덕으로 옮겨졌다. 안동의 병을 조직하고 대장에 올랐던 권세연은 죽기 전에 아들 상규에게 "내가 일찍이 감히 의병장에 임명되었으나 나라의 원수를 통쾌하게 설욕하지 못했으니 부끄럽다. 내가 죽더라도 명銘을 쓸 경우 진실로 창의한 일에 대해 떠벌려서 확대하지 말라."고 당부하였다.

2

도학적 의리론의 실천가
척암 김도화

"차라리 한 사람의 손에 죽을지언정 만인의 입에 죽고 싶지 않으며, 차라리 지금 사람의 작두에 목을 내밀지언정 차마 후세 사람들의 평가에서 죽지 않겠노라."

김도화의 〈격고향도문檄告鄕道文〉에서

1) 퇴계의 맥락이 깊이 뿌리내린 가문에서 태어나다

한말 문장가로서 명성을 온 세상에 떨쳤던 이가 척암拓菴 김도화(1825~1912)이다. 그는 본관이 의성이고, 자는 달민達民이며, 척암은 그의 호이다. 김도화는 전통 유가의 집안에서 태어났다. 증조부가 대산大山 이상정李象靖의 문인이며 순조 때 예조참판을 지낸 귀와龜窩 김굉金埉이다. 김굉은 대산의 고제자였던 만큼 당대에 문명文名을 떨쳤던 인물이다. 김

김도화가 살았던 귀미리 전경(위)과 강학을 하던 이산정(아래)

도화는 아버지 모와慕窩 김약수金若洙와 어머니 진양정씨 사이에서 1825년 9월 1일 안동시 일직면 귀미리龜尾里에서 출생하였다. 현재 귀미리에는 그가 강학했던 곳인 이산정泥山亭이 남아 있다.

김도화의 조부 김필병金弼秉과 부친 김약수도 가학을 계승한 내실 있는 학자였다. 어머니 정씨는 우복愚伏 정경세鄭經世의 후손인 입재立齋 정종로鄭宗魯의 손녀이며, 역시 이상정의 문인인 손재損齋 남한조南漢朝의 외손녀이다. 그리고 김도화도 남한조의 문인인 정재 류치명의 문하에서 공부하였고, 처가로는 석주 이상룡의 존고모부가 된다.

이렇듯 가문과 가학이 출중한 명문가에서 부친으로부터 훌륭한 가르침을 받으며 자랐다. 그는 5살 때 이미 문자를 해득했고, 7살 때에는 글을 지었으며, 8살 때는 《소학小學》과 《통감通鑑》을 익혀 한 번 읽고는 잊어버리지 않고 암송을 하였는데 막힘이 없었다고 한다. 그 뒤에도 김도화는 가문에 대한 자부심과 학문에 대한 열정으로 노력을 계속하였다. 훗날 그가 말하기를, "내가 17살 때 여러 차례 삼동三冬에 공부를 하려고 고요한 절간을 찾아갔으나, 방은 너무 뜨겁고 새벽이 되면 목탁소리, 독경讀經 축불소리가 너무 분분하여 정신을 수습할 수가 없어서, 어쩔 수 없이 집으로 돌아와 아버지 옆에서 틈을 보아 독서하였다."고 하였다.

김도화는 20세 즈음하여 사장문학詞章文學이 자기완성을 위한 옳은 공부가 되지 못한다는 것을 깨닫고,《논어論語》·《맹자孟子》·《중용中庸》·《대학大學》 등의 성리학 서적과《태극도太極圖》·《근사록近思錄》·《역경易經》·《주절서朱節書》 등 주자와 퇴계의 학문 연구에 몰두하기 시작하였다. 25세가 되던 1849년 류치명의 문하에 들어가 정식으로 공부를 계속했다. 류치명은 김도화의 학문적 자세와 재능을 높이 평가하고, 학문을 더욱 넓히라는 뜻에서 '전척展拓'이라는 두 글자를 써서 격려해 주었다. 김도화의 '척암'이라는 자호가 여기에서 비롯되었다고 한다.

2) 문장가로서 명성이 조정에까지 알려지다

김도화는 이후 10여 년 동안 류치명의 문하에서 공부하다가 부친의 명을 받들고 과거 시험장에 나갔다. 그러나 그는 당시의 혼란한 사회상과 과거의 비리와 부정을 보고 과거를 포기하고 말았다. 김도화는 "과거법은 그 폐단이 크다. 그러나 주자 선생께서도 과거를 통해 출신하셨고 우리 동방의 대선배들께서도 모두 그렇게 하셨으니 어찌 가볍게 간주할 수 있겠는가."라고 하여 과거제도 그 자체에 대해서는 부정하

_ 정재종택

지 않았다. 그럼에도 그가 과거를 포기했던 것은 과거 시행이 너무 타락하고 부패해 있음을 직접 눈으로 보았기 때문이었다.

37세가 되던 1861년에 스승 류치명이 세상을 뜨자, 김도화는 정성을 다하여 스승의 인품과 학문적 업적을 서술한 〈정재선생서전定齋先生敍傳〉과 스승과의 문답을 기록한 〈기문록記聞錄〉을 지었다. 그가 42세가 되던 1866년에는 부친 김약수도 세상을 떠났다. 스승과 부친이 죽자 그는 과거를 단념하고 영남학파 사상의 근원인 주자·퇴계의 학문에 더

욱 정진하였다. 그의 사위이자 문인인 류봉희柳鳳熙는 〈서술
敍述〉(《척암선생문집부록》권2, 25쪽)에서 학문에 정진하던 김도
화의 모습을 다음과 같이 적었다.

> 홀로 오똑하게 단정히 앉아, 솜요는 얼음 같고 서리꽃이
> 벽에 가득한 데에서도 오히려 따뜻한 온돌에 앉아 춥고 더
> 움 모르는 듯, 닭 우는 소리를 듣고 잠시 누웠다가 새벽에
> 일어나기를 28년 동안을 하루같이 하였다.

김도화는 40대의 나이에 이미 도학자요 문장가로서 명성
이 안동과 예안지방에는 물론 조정에까지 알려졌다. 그리하
여 그의 문하에 멀고 가까운 곳의 선비들이 찾아들어 그 수
가 337명이나 되었다. 특히 그의 문장은 온 세상에 풍미하
였는데, 전해 오기로 "정재의 문도 가운데 도학은 김흥락이
제일이고 문장은 김도화가 최고였다."는 이야기가 있을 정
도이다. 이렇듯 김도화는 서산 김흥락, 서파 류필영, 향산
이만도 등과 함께 구한말 안동 유림을 대표하는 학자였다.
그리고 이들은 서로 사우관계를 이루며 허물이 없을 정도로
친분이 두터웠다고 한다.

이만도가 순국하자 김도화는 만시輓詩로 그를 이렇게 추

모하였다.

살아서 욕되더니 죽어서 영광일레

물새는 훌쩍 날아 옥경玉京에 올랐구려.

청산 한 모퉁이 정토淨土이리니

이별가 부르며 그대 보내는 심정이여.

이것은 김도화가 나라 잃은 원통함을 이기지 못해 24일 동안의 단식 끝에 순절한 이만도를 그리워하며 삶과 죽음의 갈래를 읊은 글이다. 여기서 우리는 김도화와 이만도와의 관계를 엿볼 수 있는 것이다.

김도화는 1893년(고종 39) 69세가 되던 해에 천거로 의금부 도사에 제수되었고, 뒤이어 성균관의 직청사예直請司藝에 내정되었

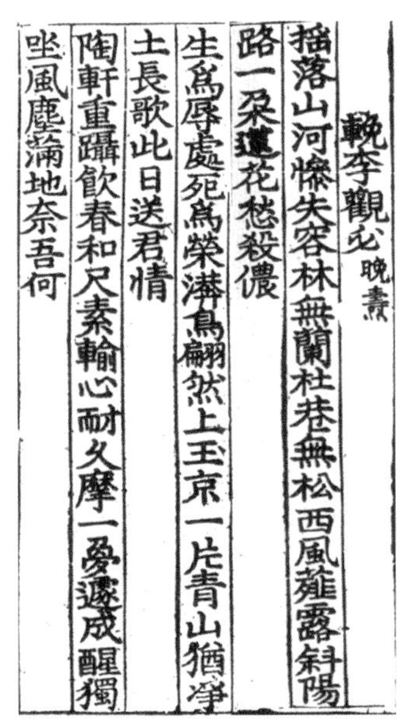

輓李觀必 晚書

搖落山河慘失容林無蘭杜巷無松西風籬露斜陽
路一朵蓮花慈殺儂
生爲辱處死爲榮滿鳥翩然上玉京一片青山猶淨
土長歌此日送君情
陶軒重躡飮春和尺素輸心耐久摩一變遽成醒獨
坐風塵滿地奈吾何

만輓 이만도

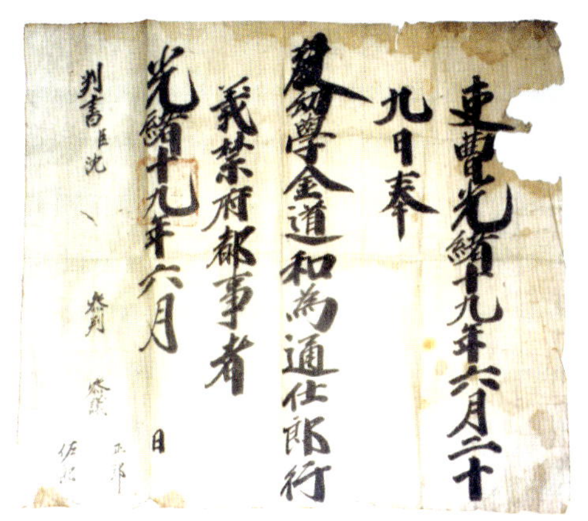

의금부도사 교지

다. 그러나 그는 세상이 워낙 어지럽고 어수선했던 만큼 나아가지 않았다.

3) 안동의진의 결성을 주도하다

1895년 8월 20일 명성황후 시해 사건이 일어났고 같은 해 11월 15일에는 단발령이 내려졌다. 이 일은 양반 선비들은 물론 전 국민적인 분노를 자아냈고, 마침내 의병 봉기로 이어졌다.

안동 지방에서 의병 봉기를 촉구하는 통문은 여러 곳에서 거의 동시에 나왔다. 1895년 11월 29에 발의된 〈예안통문〉에 이어, 이틀 뒤인 12월 1일 풍산읍 막곡리의 청성서원과 서후면 금계리의 경광서원의 통문인 〈청경통문〉이 안동시 와룡면 주하리에 도착하였다. 여기에서는 12월 3일 봉정사에서 면회를 갖자고 제의하였다. 또 12월 2일에는 호계서원에서 발의한 〈호계통문〉이 도착하였는데, 이 역시 12월 3일 모임을 가지자는 제안이었다. 주하리 출신 이긍연은《을미의병일기》에서 "12월 3일 예정대로 안동 봉정사에서 면회를 열고 의병 창의를 결의하였다."고 하였다. 〈청경통문〉과 〈호계통문〉이 안동의진의 결성으로 이어진 것이다.

또 이와 비슷한 시기에 〈안동통문〉도 발의되었다. 〈안동통문〉은 김도화를 비롯하여 면우俛宇 곽종석郭鍾錫, 지평 김흥락, 권진연權晉淵, 강육姜錥 등 5명이 발의한 통문이다. 김도화는 이 〈안동통문〉을 작성한 중심인물이었다. 발문 일자는 '을미 12월 ○일'인데, 〈청경통문〉과 비슷한 1895년 12월 1일 쯤이라 생각된다.

이정규李正奎의 〈창의견문록倡義見聞錄〉에 실린 〈안동통문〉을 보면 다음과 같다.

슬픈 저 교산喬山(임금의 능)에는 아직도 임진년의 원한이 남아 있는데 중전에게는 또 8월의 변고가 생겼으며, 금수의

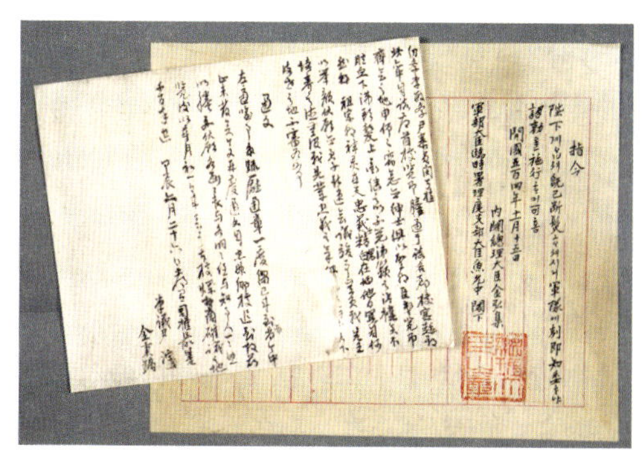

단발령 지령·반대통문(위)과 명성황후 장례식(아래)

무리가 금궁禁宮에 육박하여 심한 농간을 부리고 임금을 협

박하여 영슈이라 빙자하여 중외에 호령하고 속이고 있으며,

심지어 머리를 깎고 옷섶을 왼편으로 하는 야만스런 행동

이 이미 임금의 주변에 가해졌습니다. (……) 여러분께서는 이 나라 백성 모두가 선현의 자손으로서 의리에 대한 강론을 익힌 내력이 있고, 충성된 분노의 쌓임은 사라지지 않았으니, 각기 죽음을 맹서하고 몸소 앞장서서 주먹을 불끈 쥐고 용맹으로 떨쳐 나와 선왕의 법복과 부모의 유체를 보전할 것을 생각한다면, 어찌 위대한 일이 아니겠습니까. 아무쪼록 힘써 주소서. 아! 이 몸이 한 번 죽으면 오히려 의로운 귀신이 될 것이나, 이 머리는 한 번 깎이면 영원토록 오랑캐가 되는 것이니, 맹세하여 대의를 붙잡기 바랍니다.

여기서 '8월의 변고'라는 것은 일본이 명성황후를 시해한 을미사변을 말하는 것이고, "머리를 깎고 옷섶을 왼편으로 한다."는 것은 상투를 자르라는 단발령과 복장을 서양식으로 고치라는 변복령을 의미한다. 그러므로 이 당시 의병이 일어난 원인이 을미사변과 단발령 등에 있었다는 것을 잘 말해 준다.

성대 권세연은 봉정사에서 면회가 있던 이튿날인 12월 4일 안동부에 도착했다. 김도화는 12월 6일(양 1. 20) 류도성·김흥락·류지호 등과 함께 안동부 관아 삼우정에서 권세연을 의병장으로 추대하였다. 대장에 추대된 권세연은 본

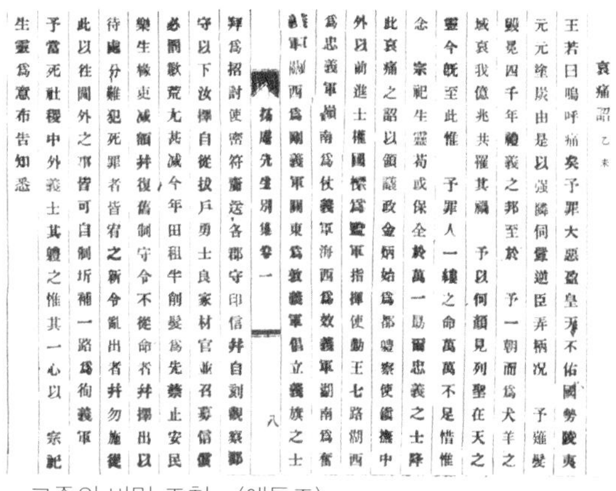

拓菴先生別集卷一

哀痛詔 乙未

王若曰。嗚呼痛哉。予罪大惡盈。皇天不佑。國勢陵夷。元元塗炭。由是以强隣伺釁。逆臣弄柄。况予薙髮毁冕。四千年禮義之邦。至於予一朝而爲犬羊之域。哀我億兆。共罹其屬。予以何顏見列聖在天之靈。今旣至此。惟予罪人一縷之命。萬萬不足惜。惟念宗祀生靈。苟或保全於萬一。勵爾忠義之士。降此哀痛之詔。以領議政金炳始爲都巡察使。緝撫中外。以前進士權國標爲監軍指揮使。勤王七路。關西爲忠義軍。嶺南爲仗義軍。海西爲效義軍。湖南爲奮義軍。關東爲敦義軍。倡立義族之士。拜爲招討使。密符膚送。各郡守印信。幷自劉觀察鄕守以下。汝擇自從。拔戶勇士良家材官。並召募信價。必闖歡荒。尤甚減今年田租。牛創髮爲先。禁止安民樂生。愋吏減緬。幷復舊制。守令不從命者。幷擇出。以待處分。難犯死罪者。皆宥之。新令亂出者。幷勿施。健此以往。闖外之邪。皆可自制。圻補一路爲徇義軍。予當死壯稷。中外義士。其體之。惟其一心。以宗祀生靈爲意。布告知悉。

八

고종의 비밀 조칙 〈애통조〉

부를 안동향교에 두고, 인근 지역 사람들에게 의병 동참을 촉구하는 〈안동격문〉을 발표하였다. 이에 놀란 관찰사 김석중은 밤을 타고 도주하였다. 12월 7일 연무당에서 의진을 편성하는 모임을 갖고, 부장에 곽종석을 임명하는 등 의병 편제를 갖추었다. 곽종석은 〈안동통문〉 발의자로서 당시에는 봉화군 춘양에 있었으나, 안동의진 편성 당시에는 안동을 떠나 있었다. 그러므로 부장은 공석이 되고 말았다.

이런 분위기에서 고종의 비밀 조칙 〈애통조哀痛詔〉가 도착하였다. 1895년 12월 15일(양 1896. 1. 29)에 보내진 이 밀조는 "나는 순의군殉義軍을 이끌고 싸우다가 사직을 위해 죽을

테니 중외의 의사는 한마음으로 나의 뜻을 헤아려 종묘사직과 만백성을 위해 싸우라."는 내용이었다. 그리고 또 "의로운 깃발을 든 선비에게 초토사招討使의 벼슬을 주고 밀부密符를 보낼 것이니, 각 군수는 인신印信을 스스로 새겨 쓰고 관찰사와 군수도 너희가 스스로 골라서 종군케 하라."는 내용을 담고 있었다. 이 밀조가 전달되는 과정은 분명하지 않지만, 당시의 의병 분위기를 고조시키는 데는 효과가 컸을 것이다.

그러나 도망갔던 김석중이 수백 명의 관군을 거느리고 안동부에 진입하였고, 뒤이어 대구 관군 300명도 도착하였다. 안동의진은 곧 패하여 흩어지고 말았다. 안동부를 장악한 김석중은 사대부들이 설을 쇨 수 없을 정도로 단발을 강요하여 그 횡포가 극에 달하였다.

안동의진은 재정비하여 1896년 1월 6일, 안동부를 공격하여 다시 탈환하고 향교에 본부를 차렸다. 그리고 1월 13일에는 영양의 김도현金道鉉의진이 안동부에 입성하였고, 영주의진도 도착하여 안기역에 머물렀다. 대장 권세연은 1월 24일 다가올 전투를 염두에 두고 조직을 전투 체제로 개편하였다. 이전의 부장 · 선봉장 · 좌우익장 체제를 도총 · 도포장 · 좌우포장 체제로 바꾸었다. 여기에 소모장의 직책도 추가되었다. 이때 소모장은 성남 류시연이 맡았다.

4) 안동의진의 2대 대장에 오르다

안동의진이 안동부성을 재탈환한 뒤, 항쟁 양상에 변화가 나타났다. 호좌의진의 소모장 서상렬이 파견되어 와서 공동 작전을 요구했기 때문이다. 특히 김석중이 처단된 뒤 새로이 관찰사로 임명된 이남규李南珪가 상주에서 군사훈련을 벌이면서 안동부를 장악하려는 계획을 세우고 있었기 때문에, 이를 붕괴시키기 위해서도 공동작전이 필요했다.

안동의진은 금석주의 봉화의진, 서상렬의 호좌의진과 연합하였다. 서상렬이 안동부에 도착한 시기는 1월 27일이었다. 그의 목적은 경북 북부 지역의 여러 의진과 연합작전을 추진하기 위함이었다. 서상렬이 도착한 이틀 뒤인 1월 29일 권세연은 안동의진 대장직을 사퇴하는 단자를 향회에 보내왔다.

권세연이 사퇴를 청하자 다음 대장을 다시 뽑았다. 1월 29일(양 3. 12) 향회에서는 일직면 귀미리의 김도화를 대장으로 추대하고, 김진의金鎭懿·류창식·류일우柳馹佑·권철연權澈淵 등을 귀미리에 보내 대장직에 오를 것을 청하였다. 김도화는 1월 30일 밤에 안동부로 들어와 이튿날인 2월 1일 안동의진 2대 대장직에 올랐다. 김도화는 대장으로서 류난영을 도총에 임명하고, 류도성과 김흥락을 지휘장으로 뽑았다. 김도화·류도성·김흥락 등은 이미 봉정사 면회에서부터 함께 의병 문제를 논의했던 인물들이었다.

1896년 2월 1일(양 3. 14) 새로 구성된 안동의진 지휘부 조직은 다음과 같다.

대　장 : 김도화

중군장 : 권재호

도　총 : 류난영

부　장 : 김하림

선봉장 : 류시연

소모장 : 이충언李忠彦·류창식

아　장 : 최세윤崔世允

지휘장 : 김흥락·류도성

대장에 추대된 김도화는 도총 류난영과 지휘장 김흥락 및 류도성 뿐 아니라 흥해의 최세윤을 아장으로 영입하는 등 의진을 재조직하였다. 그 가운데 류난영과 류도성은 병산서원 계열에 속하는 인사들이었다. 이것은 지금까지의 의진 조직

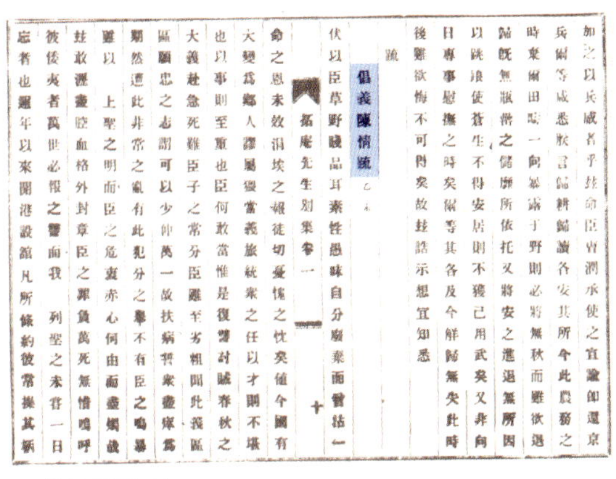

〈창의진정소〉

이 김도화·김흥락 등 호계서원 계열의 인사들을 중심으로 하였던 것과 다르게 안동 지역 유림의 '병호통합'이란 성격을 갖는 셈이었다. 덧붙여, 아장으로 뽑힌 최세윤은 나중에 경북 영천永川에서 일어난 산남의진山南義陣의 3대 대장으로 활약하게 되는 인물이다.

그리고 김도화는 곧바로 고종에게〈창의진정소倡義陳情疏〉(《척암선생별집》권1, 10~16쪽)를 올렸는데, 주요 내용은 이러하였다.

금년 8월의 을미사변은 임난 때 왜군이 명종과 중종의 능을 파헤친 사건보다 혹심하였고, 11월의 단발령은 임난 때 선조와 광해군이 평안도와 함경도로 피난 간 일 보다도 심한 일입니다. (……) 우리의 국방권을 빼앗고는 우리의 무장을 해제시켰으며, 우리의 요충을 점거하고는 우리의 재물과 곡식을 빼앗아 가면서 호시탐탐 남모르게 이 나라를 삼키려는 속셈을 가진 것이 하루아침의 일이 아닌데도 불구하고, 비굴한 말로써 어려운 동정을 빌면서 무사함을 바라고 있으니, 조정에 앉아서 누가 이러한 계획을 꾸민 것입니까. (……) 이때에 비록 군사를 모은다고 해도 병사의 정신은 이미 해이해졌으며 충신의 뜻도 이미 막혀질 터인데, 장차 누구와 더불어 나라를 보전하고 적을 막겠습니까. (……) 이에 죽음을 무릅쓰고 의를 일으킨 것입니다.

이는 을미사변과 단발령의 치욕에 이어 일제의 침략이 더욱 심화되고, 조정의 대신들이 이들 침략 세력과 내통하여 나라를 이 지경으로 만들어 가고 있음을 통탄하면서, 나라를 보전하기 위해서는 의병을 일으키지 않을 수 없음을 왕께 아뢴 것이다.

또 김도화는 대장의 이름으로 격문을 각지에 발송하였다. 격문은 광복 후 간행된 《척암선생별집拓菴先生別集》에 〈격고향도문〉·〈격고통감문檄告統監文〉·〈포고각국공사관문布告各

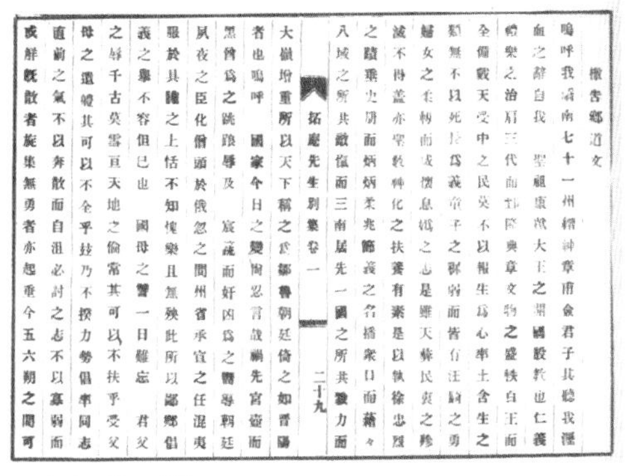

檄告鄉道文

嗚呼我嶺南七十一州縉紳章甫僉君子其聽我誓血之辭自我聖祖康武大王之開國股肱也仁義禮樂之治肩王代而郅隆典章文物之盛犧白王而全備戰天受中之民莫不以報生為心率土含生之類無不死於為義帝平之群弱而皆有汪尉之勇婦女之在柄而戈懷息媽之志雖天蔡民袁之移滅不得盖亦寧教帥化之扶養有素是以執徐忠烈之蹟乘史陰而炳炳業先飾義之名橋衆曰而蕭々入域之所其歡傴而三南屬先一團之所其發力面大嶺增重所以天下稱之區都魯朝廷倚之如晋陽者也嗚呼國家今日之變胡忍言哉嗣先宮虛而黑瞽為之跳踉辱及宸蔬而奸凶為之體辱羈廷夙夜之臣化僧通於俄忽之間州省承宜之任混夷服於其醴之上恬不知愧樂且無殃此所以鄒鄉倡義之舉不容但已也國母之讐一日難忘君父之辱千古莫雪亘天地之倫常其可以不扶乎受父母之還轉其可以不全乎拔乃不撲力勢倡率同志直前之氣不以奔散而自沮必討之志不以寡弱而或解既散者旋集無勇者亦起垂今五六朔之閒可

拓庵先生別集卷一

二十九

〈격고향도문〉

國公司館文〉·〈포고만국문布告萬國文〉 등 8편이 실려 있다. 그 가운데 가장 대표적이라 할 수 있는 것이 〈격고향도문〉이다. 여기에서도 그는 영남 지방 각 고을의 관리들과 선비들의 궐기를 촉구하면서 "차라리 한 사람의 손에 죽을지언정 만인의 입에 죽고 싶지 않으며, 차라리 지금 사람의 작두에 목을 내밀지언정 차마 후세 사람들의 평가에서 죽지 않겠노라."라고 했다. 이는 곧, 현재를 살고 있는 지식인들에게 후세 역사가들의 준엄한 심판을 염두에 두고 행동할 것을 주문한 것이다.

그리고 인근 영주·예안·봉화·의성·청송·예천·진보·영양 등지에 소모관을 파견하여 의병을 모집하고 진용

서상렬

을 확대해 갔다. 당시 안동 주변 지역인 영주에서 김우창,
의성에서 김상종金象鍾, 진보에서 허훈許薰, 영양에서 조승기
趙承基 등이 의진을 이끌고 있었다.

5) 7읍 연합의진으로 태봉전투를 치르다

안동의진은 예안의진과 함께, 1월 27일 안동부에 들어온
호좌의진의 소모장 서상렬을 맞이하여 연합의진 결성을 추
진하였다. 연합의진은 서상렬이 계획하여 제안한 것이었다.
이것은 영남 각지의 사회·경제적 기반과 양반 유생들의 강

62

한 척사 사상을 의병 항쟁에 활용하려는 데 그 목적이 있었
다. 연합의진 결성에 대한 논의가 있자, 김도화도 서상렬에
게 글을 보내어 "달려가서 의논하고 싶으나 아직 그런 기회
를 얻지 못하고 있습니다. 여러 진의 회의가 있게 되면 달려
가 남에게 뒤지지 않으려 합니다."라고 하여 적극적인 입장
을 보였다.

이리하여 2월 7일 대장 김도화는 중군장 권재호로 하여금 의병 250명을 이끌고 풍산에 집결하여 풍기·순흥·영주·봉화·예안·호좌의진과 함께 예천으로 나아가게 하였다. 일본군 병참부대가 있는 상주 함창의 태봉을 공격 목표로 삼았기 때문이었다.

2월 10일 예천에서 안동의진을 비롯하여 예안·봉화·영주·풍기·순흥의 6개 의진과 호좌의진으로 7읍 의진연합이 이루어졌다. 백마를 잡아 피를 마시며 맹세하는 마맹의식馬盟儀式을 가졌다. 이때 호좌의진의 서상렬이 맹주로 추대되었다. 그리고 호좌의진의 원용정元容正이 지은 5개조의 '맹약문'으로 맹세를 하였다. 그것은 '역적의 무리가 되지 말 것, 중화제도를 바꾸지 말 것, 죽고 사는 것으로 마음을 바꾸지 말 것, 사적으로 행동하지 말 것, 적을 보면 진격할 것' 등 다섯 가지의 약속이었다.

연합의진의 맹주로 추대된 서상렬은 태봉을 공격하기에 앞서 서울에서 출동한 관군을 접대한 예천군수 류인형을 처단하였다. 이 무렵 인근 지역에서도 의성군수 이관영李觀永과 영덕군수 정재관鄭在寬 등이 의병들에게 처단되었다.

김도화는 맹주 서상렬에게 당시 마음을 "늙은 몸 이끌고 막대기 짚고 나섰으니, 하늘의 운세를 돌리는 일인들 어찌 못하리."라고 표현하였다. 김도화는 2월 14일 산양에 머물면서 태봉전투를 관망했다.

2월 15일 연합의진은 태봉 공격을 하루 앞두고 태봉에 조금 못 미친 여러 지역에 분산하여 진을 쳤다. 안동의진은 함창읍 덕통역德通驛에, 호좌의진은 함창에, 영주·순흥·예안의진은 문경시 영순면 포내촌浦內村에, 풍기의진은 문경 점촌과 상주 함창 사이에 자리하는 당교唐橋에, 봉화의진은 문경시 영순면 율곡리 동산촌東山村에 각각 머물렀다. 그리고 이강년은 연합의진의 태봉 공략을 배후에서 엄호할 목적으로 조령의 길을 막았다. 이것은 서상렬의 요청으로 이루어졌다.

2월 16일(양 3. 29) 아침 7진은 태봉 공격에 나섰다. 벽산 김도현은 〈창의전말倡義顚末〉에서 당시 상황을 다음과 같이 기록하였다.

> 안동의진이 먼저 좌측 산 위로 올라가 일본군 진지를 향해 천보총을 사격하여 일본군 1명을 죽였으나, 일본군 10여 명이 백사장으로 나와 발포하였다. 총알이 비오듯 쏟아져 순식간에 의병 7~8명이 전사하고 20여 명이 부상당하였다. 선성의진을 비롯하여 봉화·풍기·순흥의진은 차례로 개울

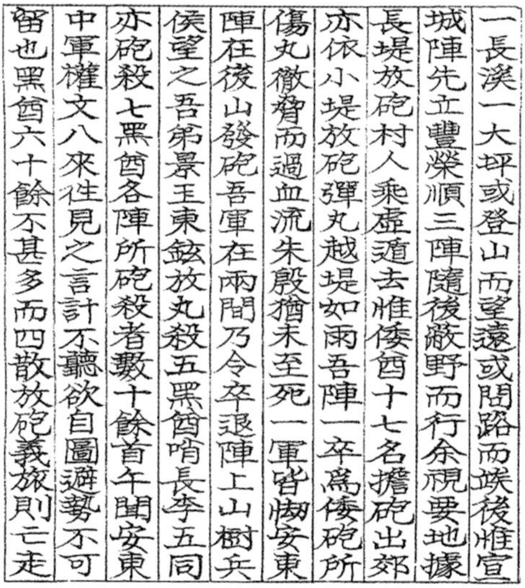

一長溪一大坪或登山而望遠或間路而竢後惟宣城陣先立豐榮順三陣隨後蔽野而行余視要地據長堤放砲村人乘虛遁去惟倭酋十七名擔砲出郊亦依小堤放砲彈丸越堤如兩吾陣一卒爲倭砲所傷丸徹脅而過血流朱殷猶未至死一軍皆憫安東陣在後山發砲吾軍在兩間乃令卒退陣上山樹兵侯望之吾弟景王東鉉放丸殺五黑酋哨長李五同亦砲殺七黑酋各陣所砲殺者數十餘首午聞安東中軍權文八來往見之言計不聽欲自圖避勢不可留也黑酋六十餘不其多而四散放砲義旅則亡走

_ 벽산 김도현의 〈창의전말〉

을 넘어 제방까지 달려가 그곳을 엄폐물로 삼아 몸을 숨기고 공격을 하였다. 일본군도 가세하여 그 수가 42명에 이르렀으며, 이들 역시 작은 제방을 이용하여 사격을 가해 왔다.

안동의진이 산 위에서 일본군 진지를 향해 사격하여 일본군 1명을 사살하는 전과도 있었으나, 일본군의 반격으로 연합의진에서 의병 20여 명의 사상자가 발생하였고, 그 와중에 일본군의 지원군은 증가하여 제방을 사이에 두고 치열한 전투가 벌어졌다는 것이다.

전투는 아침부터 벌어졌으나, 저녁 무렵에 연합의진이 패하여 흩어지고 말았다. 예안의진의 김도현은 "저녁 무렵 흑추黑酋(일본군) 수백 명이 뒷산을 넘어 내려오는데, 의외의 포성이 터져 나오니 7진의 군사가 바람처럼 흩어져 남은 것이 없었다."고 하였다. 또 일본 측 기록에는 "3월 29일 의병 7,000여 명이 태봉을 공격하였으며, 일본군은 태봉 수비대와 응원하러 달려온 2개 분대로 대항하여 7시간에 걸쳐 접전하였고, 의병들은 30여 명의 전사자를 낸 뒤 용궁 쪽으로 물러갔다."고 하였다.

이처럼 연합의진은 기개는 높았으나 막상 전투가 시작되자 많은 한계를 드러냈다. 연합의진이 태봉전투에서 패한 가장 큰 원인은 화력의 열세와 훈련의 부족 때문이었지만, 연합의진 사이의 지휘계통이 거의 없었다는 점에도 그 원인이 있었다. 그 결과 일본군 소규모 부대와의 전투에서도 쉽게 무너지고 말았던 것이다. 안동의진의 병사는 중군장 권재호가 안동을 떠날 때는 250명이었으나 안동에 돌아왔을 때는 10여 명에 지나지 않았다. 이는 전투 중에 사상자가 30여 명이나 발생한 탓이기도 하지만, 대부분이 흩어져 버렸기 때문이었다.

김도화는 〈파병후자명소破兵後自明疏〉에서 당시의 심정을 "나라를 위한 괴로운 마음과 나라를 구하려는 간절한 정성이 있다면, 맹세코 적과는 함께 살 수 없습니다. 때문에 백면白面의 무리와 맨주먹의 무리가 함창의 적을 공격하여 여러 차례 교전하였으나 끝내 패하고 말았습니다."라고 하였다.

태봉전투에서 패한 안동의진은 예천을 거쳐 풍산 방향으로 물러났다. 일본군은 태봉전투의 승세를 타고 의병을 추격하였다. 안동의진은 2월 20일 아침 일찍 일본군의 기습공격을 받았다. 여기서 의병 1명이 전사하였고, 중군 이하 30여 명은 대응도 못해 보고 풍산 하리의 저동苧洞 쪽으로 후퇴하였다. 이어서 봉정사 일대에서 벌어진 전투에서도 크게 패하였고, 안동부 안기역安奇驛 뒷산에서는 권대일權埭一이 전사하였다. 의병을 추격하던 일본군은 안동부 입구 송현까지 추격한 뒤, 안동을 '의병의 소굴'이라 하여 민가에 불을 질렀다. 불길은 바람을 타고 안기동에서 지금의 법흥동 골짜기인 탑곡塔谷까지 덮쳐, 도심에 자리한 민가 1,000여 호가 모두 불탔다. 안동부에 불을 지른 일본군은 보병 제10연대 제1대대 소속 50여 명의 군인들이었다. 이 모두가 2월 20일(양 4. 2) 하루 동안에 벌어진 일이었다.

일본군의 이 같은 만행은 신임 안동관찰사 이남규가 풍산

안동 관찰ᄉᆞ 니남규씨가 이들 스무 나 혼
날 군부에 보고를 ᄒᆞ엿ᄂᆞᆫᄃᆡ 춤 의병은
대군쥬 폐하ᄭᅥᆺ셔 션유ᄒᆞ옵신 칙교를 보
고 안돈ᄒᆞ거니와 거즛 의병은 지금 만히 보
모혀 ᄒᆡᆼᄑᆡ가 무슈ᄒᆞᄂᆞᆫᄃᆡ 비도 괴슈 셔상
열이가 여덟 골 비도를 모집ᄒᆞᆫ거시 삼쳔여 무
명이라 본골에 웅거ᄒᆞ야 약료ᄒᆞᆯ제 그ᄯᅢ 무
도망ᄒᆞ던 슌검들이 여렴 집에 드러가
례ᄒᆞ ᄒᆡᆼ실을ᄒᆞ니 부인들이 즈고 졍통과
손을 베고 슉은이가 무슈ᄒᆞᆫ지라 셔가가
삼쳔여명 비도를 힘창 태봉에 가셔 일본
병졍으로 ᄡᅡ홀시 일시에 비도들이 ᄉᆞ면으
로 훗허져 셔가가 크게 픽ᄒᆞ야 례쳔과 풍
긔로 드러가 노략ᄒᆞ고 도망ᄒᆞ엿든 슌검
슈십인이 일본 병졍과 함ᄭᅴ 본골에 불을
노화 슈쳔호가 탈시 나라 지물과 사사 지
물이 다타고 관부는 다 ᄒᆡᆼ이 면ᄒᆞ엿다더라

《독립신문》 1896년 4월 30일자

하회마을에 머물고 있을 때 조정에 보고함으로써 전달되었다. 그리고 이 방화사건을 《독립신문》은 1896년 4월 30일자에서 다음과 같이 보도하였다.

안동관찰사 이남규씨가 군부에 보고하기를, 참의병은 대군주 폐하께서 선유宣諭하옵신 칙교勅敎를 보고 안도하거니와 거짓의병은 지금 많이 모여 행패가 무수한데, 비도匪徒 괴수 서상렬이가 여덟 골 비도를 모집한 것이 삼천여 명이라. (……) 서가가 삼천여 명 비도를 이끌고 함창 태봉으로 가서 일본 병정과 싸울 때, 일시에 비도들이 사면으로 흩어지니 서가가 크게 패하여 예천과 풍기로 들어가 노략하였다. 도망하였던 순검 수십 명이 일본 병정과 본 고을에 불을 놓아 수천 호가 탈 때 나라 재물과 사사私事 재물이 다 탔으나 관부는 다행히 면하였다더라.

안동관찰사 이남규는 안동부가 불탄 처참한 모습을 보고서 효유문曉諭文으로 의병 해산을 권유하다가 얼마 뒤 관찰사 자리에서 물러났다. 그로부터 10년 뒤인 1906년 홍주에서 의병을 일으켰으나 일본군에게 체포되어 서울로 압송되던 중 온양에서 순국하였다.

6) 암행효유사의 해산 명령도 따를 수 없다

안동부의 방화로 안동의진은 2월 21일 안동부를 나와 본부를 용상동 낙동강 쪽 개목곡介木谷으로 옮기고 재기를 준비하였다. 의진은 흥해의 최세윤을 좌익장에, 영양의 김도현을 부장에, 서상렬을 군사에, 이긍연을 종사관에, 권옥연을 부장에 임명하는 등 의진의 진용을 새로이 편성하였다.

그러나 대장소는 안동부 부근에서 이리저리 옮겨 다녀야

길안면 도연(위)과 용담사(아래)

했다. 용상동 개목곡, 남선면에서 가까운 신당新塘, 길안면 도연陶淵, 다시 길안면 금곡리 용담사龍潭寺 등으로 옮겼다.

이때 관찰사 이남규는 하회마을에 머물면서 각 의진에 효유문을 보내어 계속 해산을 종용하였다. 이렇게 되자 안동 의진 내부에서도 하회 출신과 금계 출신 인사들 사이의 갈등이 빚어졌다. 신임 관찰사를 받아들일 것인가 말 것인가 하는 문제였다. 김도화는 의진을 안동의 송천松川으로 옮기고 도회를 열었다. 2월 30일에 열린 도회에서 관찰사를 받아들이자는 의견이 다수를 차지했다. 신임 관찰사를 받아들이지 않으려 한 이유는 안동 방화에 따른 격앙된 민심 때문이었다.

그러나 김도화는 계속 투쟁하기로 작정했다. 그는 본부를 다시 봉정사로 옮겼다. 이 무렵 고종이 암행효유사 장석용張錫龍·정의묵鄭宜黙·김근연金近淵 등을 파견하여 해산을 종용하였다. 그러나 김도화는 이들에게 〈격고문檄告文〉을 보내 "의병을 효유하려는 여러분들이 먼저 힘을 합하여 적을 토벌하기를 맹세하면 어찌 의병이 해산하지 않으며, 국정을 좀먹고 나라를 팔아서라도 자신의 이익을 추구하는 간사한 무리들을 제거한다면 어찌 의병이 해산하지 않겠는가."라고 하여 해산할 수 없는 자신의 태도를 분명히 밝혔다. 또 안동

破兵後自明䟽

王師來下刑戮爲事結縛宰臣壞敗 國家之名分 屠戮多士銷喪 國家之元氣童幼之挾册者并被 刑殺婦女之績麻者亦多砲死澗谷之樵夫負薪而 路斃田野之農民荷耒而立殲亂砲如電血流成川 與前日哀痛之教 恩諭布告之意一切相反使 殿下之赤子盡劉於殿下之兵及氣象愁慘䓁 殿下奈何而使民至於是也此臣等 漲天伏未知 所以疑懼而未即解散者一也且伏聞按誅奸臣不

〈파병후자명소〉

부의 참사관인 홍필주洪弼周에게 답으로 보낸 격문에서 "춘추의 의리를 들어 불공대천의 원수를 토벌하겠다는 것이고, 아니면 살신성인으로 명분과 절의를 지키겠다는 것이며, 성패 여부는 그 다음의 문제다."라고 강하게 반발하였다.

김도화는 해산령이 있었음에도 불구하고 활동을 계속한 데 대하여 뒷날 그 이유를 다음과 같이 밝혔다.

왕명을 빙자한 친일 내각이 파견한 관군들이 형벌과 살육을 일삼고 대신들을 결박하면서 국가의 명분을 무너뜨렸고, 선비들을 도살하면서 나라의 원기를 손상시켰습니다. 또한 어린아이들이 책을 끼고 가다가 형을 당하고, 부녀자는 길쌈을 하다가 죽임을 당하고, 나무꾼은 섶을 지고 가다 길에서 죽고, 농민은 쟁기를 지고 서서 맞아 죽으며, 어지럽게

쏘는 총알이 우박 퍼붓듯 해서 피가 흘러 내를 이루니, 전일의 애통하게 보내신 뜻과는 모두 상반되는 것이옵니다. 전하의 인민들로 하여금 전하의 무기 앞에 모두 죽게 해야 합니까. 기상이 처참하여 이 원통한 부르짖음이 하늘을 넘칩니다. 전하께서는 어찌 백성으로 하여금 이에 이르게 하십니까. 상반되는 일을 신들은 의심하는 바로서, 곧 의병을 해산하지 못하는 이유입니다. 〈파병후자명소〉, 《척암선생별집》권 1, 14쪽.

이는 왕명을 빙자한 의병 해산령이 이전의 밀조 내용과는 상반되는 일이므로 지금의 이 해산령은 따를 수 없다는 것이다.

7) 의진이 무너져가는 현실을 한탄하다

안동의진 주변의 예안의진·봉화의진·의성의진·영양의진·예천의진 등도 산발적이나마 5월까지도 계속 활동하고 있었다. 김도화도 안동의진을 이끌고 소백산과 태백산 일대를 이동하면서 일본군과 전투를 하였다. 이것은 그가 봉화군 소천면 현동의 곤이령鵾夷嶺에서, 5월 1일 소천 암석촌巖石村에서, 그리고 5월 5일 단오날을 보내면서 남긴 각각의

류인석

시문을 통해서 짐작할 수 있다.

그러나 김도화가 한여름의 더위 속에서 지게에 얹혀 행군을 했다는 이야기가 있는 것을 보면, 72세의 노장으로써의 역할이 그만큼 힘에 겨웠다는 것을 알 수 있다. 게다가 병기에 있어서도 장마철에는 화승총이 성능을 제대로 발휘하지 못하였으므로, 적을 만나도 쫓겨 다녀야 했다. 여기에다 주변의 도움도 더 이상 기대할 수 있는 형편이 못되었다.

김도화는 호좌의진대장 류인석에게 "도화의 재주는 대중을 달래기에 모자랐고, 용력勇力 적을 억누르기에 부족하였습니다."라고 한 뒤, "행여나 외로운 성城의 형편을 살펴주시어 앞날의 군략에 대한 좋은 주책과 원대한 계략을 주시면

만전을 도모할 방책으로 삼아 본부의 생령을 지켜 나갈 방도로 삼겠습니다.”라고 사정을 실토하며 도움을 청했다. 그러나 이 무렵 호좌의진도 새로운 활동 근거지를 찾아 서행西行을 준비하고 있었다.

한편 김도화는 김흥락에게 보낸 편지에서 “이번에 일으킨 일이 이 지방의 공의公議에서 비롯하였는데, 몇 번 패한 뒤 한 집안이나 개인적인 일로 치부되고 있다.”고 한탄하였다. 또 풍산류씨 문중에도 글을 보내어, 풍산류씨 문중에 의지하기를 ‘태산장성’같이 했다면서 “봉정사에서 헤어진 뒤 자리를 말고 돌아가서 하나같이 문을 닫았고, 오직 늙고 사리에 어둡고 모자라서 나라를 위해 하는 큰일이 무용지물이 되고 말았다.”라고 낙담하였다.

그리고 고을의 사림들에게 보내는 글에서도 다음과 같이 한탄하였다.

당초에 창의를 의논할 때 온 고을 사람들이 뜻을 같이 하여, 노소가 다투어 분발하기로 하고 뜻있는 사람은 모두가 창검을 잡고 일어나고 재력 있는 사람은 살림살이를 기울여 군비를 도와, 위로는 국가의 오랜 원수를 갚고 아래로는 부모가 물려준 몸을 보전하고자 맹세한 것인데, (……) 한 번

垂恕察使此名義之舉得有區境千萬幸甚

與鄉道士林

就今日義旅之平寧欲痛哭而無言道和素以愚妄
之致遠當不堪之寄東敗西喪十顛九倒至有不得
復振之境踐輙不足恤而其於一鄉之羞辱何哉當
初倡論之日闔鄉齊聲老少爭奮以為有志者孰載
而皆從有財者傾產而助費上以復國家之深讐下
以保父母之遺體者是乃天彝民衷之珍滅他不得
者也一自鳳亭靈散之後忽忽引去幕中之供任者
無幾而招之不來諭之不悟一切以規免為事而至

僑庵先生別集卷一　二十二

義之俗不意持人之薄至於如此也若日當任之人
不是順念而故如是云爾則金尊登門視人之賢
否而幷與大義而拋却者乎軍需一款尤保緊念面
或全拒而不納或半納而回避行賞橐罄士卒告飢
轉轉寄食無異於嫠桑之夫則其勢將不期罷而自
罷矣金尊之意將以罷散之罪獨歸於道和之一身
而黙然以秉義自處乎此則恐不思之甚也於乎金
尊登以仁義為不美也其心必日我為義理高談既
倡起矣罷與不罷非關於我云爾則曾夫子謀忠之

〈여향도사림〉

봉정사에서 패한 뒤 뿔뿔이 떠나가서 진중에는 일 맡을 이
가 없고, 불러도 오지 않고 설득해도 깨닫지 못하여, 모두가
규율을 지키지 않고 있으며 심지어는 한가하게 쉬면서 비웃
는 사람도 있고 오히려 빈정거리는 사람도 있으니, 우리 고
을의 충의의 풍속이 뜻하지 않게도 사람을 대접함에 그 박
절함이 이에 이르렀습니까. 군병에 필요한 일체의 물품이
더욱 긴급한데 어떤 사람은 거절하고 하나도 내지 않으며
어떤 이는 반만 내고 피하니, 의병들의 주머니가 텅 비어 주
림에 시달리어 전전하며 끼니를 굶는 형편입니다. 그 대세

가 어느 날 갑자기 스스로 무너질 것인 즉, 여러분은 의진이
파산한 죄를 저 한 사람에게 돌리고 의젓이 의를 행하였다
고 자처하시렵니까. 〈여향도사림與鄕道士林〉, 《척암선생별집》권1,
23쪽.

김도화는 처음 의병을 일으킬 때는 모두가 하나같이 큰 뜻
으로 협조하기로 하였는데 이제 와서 모두가 등을 돌림으로
써 의진이 무너져가는 현실을 한탄한 것이다. 그러면서 그
는 "차라리 한 사람의 손에 죽을지언정 만인의 입에 오르내
려 매장되고 싶지 않으며, 지금 사람의 쇠망치를 맞아 쓰러
질지언정 어찌 차마 편안히 죽어서 뒷사람의 붓글에 죽겠느
냐."라는 결의를 보였다.

8) 의진을 해산하다

1896년 6월 이후에도 안동의진의 일부가 동해안 일대에서
활약했다는 기록이 있다. 김도현은 〈창의전말〉에서 6월에
안동의진의 일부가 영해전투에 참가했고, 6~7월에는 예안
의진 200명과 함께 400명의 안동의진이 잇달아 패배했다고
적고 있다. 그리고 7월에 김도화가 김유진金有辰을 군관교위
軍官校尉로 임명하였던 사실이 있었던 것으로 보아, 그가 여

전히 안동의진을 이끌고 있었음을 알 수 있다.

그러나 7월을 전후해서 전국 대다수의 의병부대가 해산하였다. 안동의진도 해산의 길로 접어들었다. 8월에는 "너희들은 결코 풀고 돌아가지 않으니, 그 뒤에도 윤음綸音이 잇달아 내려가고 선무사宣撫使가 계속 내려갔으나 함부로 임금의 명에 따르지 아니하고 도리어 죄를 범하니 부득이 병사로 하여금 시위케 한 것이다."라고 의병 해산을 촉구하는 조칙 〈칙영남의진勅嶺南義陣〉이 내려졌다. 또 8월 6일(양 9. 12)에는 대대장 이겸제李兼濟가 이끄는 관군 100여 명이 안동부로 들어왔다. 뿐만 아니라 8월 11일에는 어사와 군수 등이 나서서 효유하고, 해산하는 의병들에게는 5냥씩을 소지한 무기의 대금 정도로 지급하였다.

안동의진의 해산과 관련하여 이긍연의 《을미의병일기》에서는 다음과 같이 적혀 있다.

8월 19일 맑음.

들리는 바로는 본부本府의 대장이 대대大隊에 사죄하고 물러났다고 하니, 이 어찌 한심함을 견딜 수 있겠는가. 이전에 가졌던 의리가 어찌 다하는 날이 있을 줄 알았겠는가. 하늘의 운세는 어찌할 수 없지만 만세토록 이어질 그 수치를 어찌 면할 수 있겠는가.

8월 20일 맑음.

들리는 바로는 대대장이 대구로 출발했다고 한다.

8월 25일

들리는 바로는 선봉 류시연이 총을 반납하고 갔다 한다.

안동의진은 결국 8월 19일(양 9. 25) 대장 김도화가 대대장 이겸제가 이끄는 관군에게 사죄하고 물러남으로써 해산되었다. 안동의진이 해산하자 관군은 그 다음날 바로 대구로 돌아갔다. 그리고 8월 25일(양 10. 1)에는 선봉장 류시연이 무기를 반납하였다. 이로써 안동의진은 1896년 10월 1일에 완전 종결되었다. 한말 전기 의병 가운데서 가장 마지막까지 투쟁하였던 영양의 김도현의진이 9월 9일(양 10. 15)에 해산한 것과 비교하면 만 14일 전의 일이다.

73세 때인 1897년 말경 김도화는 〈파병후자명소〉에서 의병 해산령을 받들던 심정을 다음과 같이 아뢰었다.

이제 임금께서 (……) 관찰부 신제도를 혁파하고 단발 명령을 거두어 의관문물을 옛 모습으로 돌린다 하시니 태평성세를 다시 오늘에 볼 수 있게 함입니다. 정말 잘 하신 일입니다. 신 등이 어찌 감히 삼가 봉행하지 않겠습니까. 돌아가 책 읽고 밭 갈며 처분의 날을 기다리겠습니다.

의병이 일어나게 된 주요 원인은 을미사변과 단발령 때문이었다. 이제 고종이 러시아 공사관으로 파천한 이후, 을미사변 당시의 내각 대신들도 죽임을 당하거나 쫓겨났으며, 각종 제도가 일부나마 회복되었고, 단발의 명령도 거두어졌다. 이로써 대부분의 의병 지도자들은 자신들이 바라던 투쟁 목표가 어느 정도 이루어졌다고 보고 의진을 해산하였던 것이다.

9) 전 영남이 받들던 지주支柱였다

김도화는 정재학파의 학맥을 이은 선비로서 성리학적 의리와 그 실천을 중요시하였을 뿐 아니라 위정척사 이념에도 충실한 도학자였다. 그는 단발령에 저항하였음은 물론, 고종이 황제를 칭하고 연호를 세운 칭제건원에도 반대하였다. 의병을 해산한 뒤 올린 〈파병후자명소〉에서 그는 "대군주의 존칭은 올바른 절차에 근거한 것이 아니고, 건양력建陽曆의 기원도 아직 고칠 이유가 없는데도 조종의 가법을 마음대로 혁파했으니, 전하의 마음은 편안합니까."라고 불만을 드러냈다. 그는 여기서 고종을 '전하'로 불렀다.

그러나 1905년 이후부터는 김도화도 〈청물합방소請勿合邦疏〉에서 "폐하! 폐하는 조종의 계승자이니, 조종의 범위에 있는 것"이라 하였듯이 '폐하'라는 존호를 사용함으로써 척사 의식에 변화를 드러냈다. 을사조약의 파기를 주청한 〈청파오조약소請罷五條約疏〉에서는 '만국공법萬國公法'적인 세계 질서를 들고 나왔다. 더 나아가 1910년 무렵에는 '세계는 하나의 동포'라는 인식으로까지 나아갔다.

그렇지만 김도화는 일본에 대해서는 죽을 때까지 강렬한 저항 의식을 유지하였다. 1910년 8월 일제에게 나라가 강점되자, 그는 '합방대반대지가合邦大反對之家'라고 큼직하게 써서 대문에 붙여놓고 항거하였다. 그리고 그는 일제에게 나라를 강점당한 울분을 다음과 같은 글로 남겼다.

> 통곡하지 않은 날이 없건만/ 슬프다, 아직도 죽지 못한 몸/ 홀연히 우하虞夏는 망해버려/ 어느 누가 섭정攝政(제나라의 협사)·형가荊軻(연나라의 협사)를 짝하리/ 밤낮으로 한탄하는 눈물로 젖어 있고/ 머리에는 율리栗里(도연명의 은거지)의 관冠이 부끄러우이/ 바라건대 대붕大鵬을 타고 하늘에 올라/ 상제에게 울분을 호소하고 싶네 김도화, 〈정월17일일순사

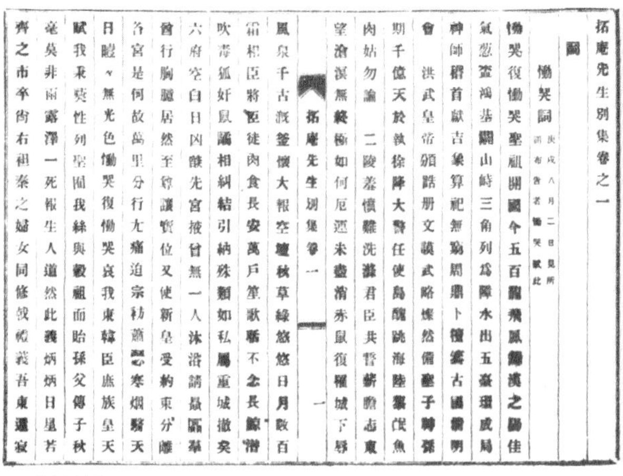

〈통곡사〉

목촌래사전일곤욕지심   인청시서증2절正月十七日日巡査木村來謝前日困

辱之甚 因請詩書贈二絶〉,《척암선생별집》권1, 5~6쪽.

　　이는 1911년 1월 17일(양 2. 15) 일본인 순사 기무라[木村]
가 지난 날 자신에게 가혹하게 대하였던 행위를 사죄하면서
시를 청하자 즉석에서 써 준 글이다. 의병장다운 그의 우국
사상이 잘 그려져 있다.

　　이후 외출을 삼가하고 김도화는 최익현·이재명·민영
환·안중근·이준·김순흠 등 6명에 이르는 독립운동가의
열전을 쓰기도 하였다. 이들 열사들의 전기를 통해서 민족

_ 묘소의 현재(위)와 과거(아래) 모습

84

의 항일 의식을 고취하려 했다는 것은 두말할 나위가 없다.

김도화는 1912년 8월 7일(양 9. 17) 88세의 일기로 세상을 떠났다. 그의 문하에는 동산東山 류인식柳寅植, 오헌悟軒 김홍락金鴻洛, 해창海窓 송기식宋基植, 야산野山 정창조鄭昌朝 등 400여 명의 문인이 배출되었다. 곽종석은 김도화를 추모한 〈광지壙誌〉에서 그를 "전 영남이 받들던 지주였다."고 추앙하였다.

묘소는 안동시 송천동 안동대학교 정문 옆 논골마을에 낙동강을 굽어보며 남향으로 자리하고 있다. 묘갈명은 김홍락이 지었고, 이고貳顧 이동흠李棟欽이 썼다. 묘비 앞면에는 '고조선징사척암김선생지묘故朝鮮徵士拓菴金先生之墓'라고 새겨져 있다.

3

자정순국自靖殉國으로 민족의 지성을 지킨 향산 이만도

"하루 죽지 못하면 하루 죄인이 되고, 이틀 죽지 못하면 이틀 죄인이 된다. 쌓이고 쌓인 죄가 산과 같고 바다와 같은지라, 우러러 하늘에 부끄럽고 꾸부려 사람들에게 부끄럽다." 이만도의 〈답권태형答權泰亨〉에서

1) 조선 성리학의 종장 퇴계 이황의 가통을 잇다

자정순국의 길을 걸으면서 조선 최고 유가儒家의 지성을 일궈낸 이가 향산響山 이만도(1842~1910)이다. 그는 본관이 진성眞城이고, 자는 관필觀必이며, 호는 향산이다. 이만도는 1842년 1월 28일, 경상도 순흥부順興府 난곡리蘭谷里에서 아버지 복재復齋 이휘준李彙濬과 어머니 야성송씨冶城宋氏 사이에서 태어났다. 난곡리는 지금의 봉화군 봉성면 동양리인

이만도가 살았던 하계마을(위)과 향산고택(아래)

데, 조부 하계霞溪 이가순李家淳이 어지러운 세상을 피해 고향인 예안면 토계동에서 옮겨가 살았던 곳이다. 조부 이가순은 이만도가 태어난 지 2년 만에 돌아가셨다. 이만도는 어린 시절을 난곡리에서 지냈으나 11살 때 춘양春陽 도심촌道心村으로 이사해 살다가 15세 때 아버지 이휘준이 문과에 급제하면서 다시 고향인 토계동으로 돌아와 살게 되었다. 이곳은 현재 안동시 도산면 토계리이다.

이만도는 조선 성리학의 종장인 퇴계 이황의 11세손으로서 퇴계의 직손이고, 임진왜란 때의 공신 동암東巖 이영도李詠道의 9세손이다. 그리고 고조부 만화晩花 이세사李世師는 1744년 문과에 급제하여 벼슬이 지중추부사에 이르렀으며, 증조부 이구서李龜書는 참봉으로 벼슬에 나아가지 않고 오직 학문에만 전념하던 선비였다. 조부 이가순은 1811년 문과에 급제한 뒤 벼슬이 홍문관 응교에 올랐고, 부친 이휘준도 1856년 문과에 급제한 뒤 벼슬이 성균관 대사성에 이르렀다. 이만도도 25세가 되던 1866년 8월 경시京試에 응시하여 진사가 되었고, 9월에 정시 문과 갑과 중의 제1인으로 뽑혀 장원 급제한 뒤 사간원 정언, 홍문관 부수찬, 홍문관 교리, 남학교수, 병조정랑, 경연 시독관試讀官, 춘추관 수찬관, 사헌부 집의, 홍문관 응교, 장악원정掌樂院正, 공조참의 등 주

요 벼슬을 두루 거침으로써 학문적으로나 벼슬길로나 명문
가의 가통을 이었다.

뿐만 아니라 이만도의 동생 이만규李晩煃도 문과에 급제하
여 벼슬에 올랐으며, 숙부 이휘철李彙澈도 통덕랑通德郞에 올
랐다. 그러나 이휘철은 이만도가 태어난 그 이듬해에 20세
의 젊은 나이로 운명하였다. 이만도는 5년 뒤 7살이 되던 해
에 돌아가신 작은아버지 이휘철의 뒤를 잇기 위해 양자로 들
어갔다. 그의 양가 어머니는 해주최씨이고, 양가 외조부는
진사 최봉환崔鳳煥이다.

이만도는 이처럼 퇴계 이황의 직손으로 유가의 명문 출신
이요, 또한 할아버지와 아버지에 이어 자신까지 3대에 걸쳐
과거에 급제하는 가문의 영예를 이루었다. 또 이만도는 일
찍이 홍문관 관원으로서 경연經筵에 나아가 고종의 천총天寵
을 입기도 하였다. 1869년 8월 22일 경연에서 강의를 마친
뒤 고종의 하문下問이 있었다. 〈경연강의經筵講義〉의 내용을
보면 이러하다.

고종 : 그대는 퇴계의 몇 대손인고?

향산 : 11대이옵니다.

고종 : 그대는 종손이 아닌가?

고종

　향산 : 종손은 이름이 중경中慶이옵고, 신은 지손支孫이옵
니다.

　고종 : 그대는 중경과는 몇 촌 사이인고?

　향산 : 본생本生으로는 19촌 숙질간이오나 종계宗系로는
21촌 숙질간이옵니다.

　고종 : 퇴계는 아들이 몇이나 되었는고?

　향산 : 아들로는 준寯과 채寀가 있었으나 채는 요절하였

90

습니다. 손자는 셋이었는데 안도安道는 음직蔭職으로 벼슬을
하였고, 순도純道는 벼슬에 오르지 못했으며, 영도詠道는 임
진난 공신이옵니다.

　　고종 : 그대는 공신의 자손인가?

　　향산 : 그러하옵니다.

　　고종 : 공신이라, 그대에게는 마땅히 중시조가 되겠도다.

《향산문집響山文集》권3, 15쪽.

　여기서 고종은 이만도가 퇴계의 11세손이고 임난 공신 이
영도의 9세손임을 새삼 확인하였던 것을 알 수 있다. 그것은
이만도가 그만큼 조선 왕조의 명문가 출신이란 것을 고종도
다시 한 번 확인하고 싶었기 때문이었던 것으로 생각된다.

2) 이재 권연하의 적전을 이어받다

　이만도는 5살에 이미 주씨周氏의 천문天文을 읽었다. 이때
말은 어둔하여도 자의字義에는 밝아, 겉으로는 비록 어리석
은 듯 하였으나 안으로는 매우 슬기로웠다고 한다. 또한 그
는 14세 때 경전을 널리 읽어 대의를 파악하였고, 수시로 시
문을 지었는데 글귀가 뛰어나고 격에 맞게 힘이 있었다. 아
울러 맑은 의풍으로 굳세고 바른 성품과 도량을 지녔었다고

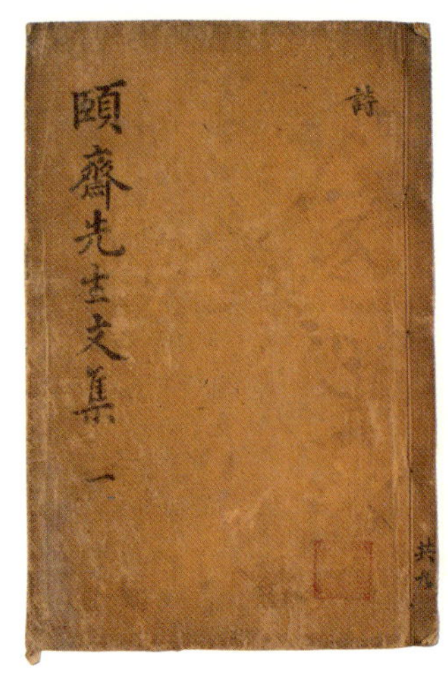

《이재선생문집》

한다.

　그는 항상 말하기를 "학문에서는 시속時俗에 구애치 말 것이며, 문장에서는 옛 것을 답습하지 말아야 할 것이라."고 하여 개인의 학문적 입지에 대한 중요성을 강조하였다. 또 자신의 가난했던 젊은 시절에 비추어 후학들에게도 "가난하다고 학업을 그만두지 말 것이다. 가난은 나에게 항상 있는 것이오, 배움은 나의 천직이다. 어찌 항상 있는 것으로 말미암아 천직을 폐하겠는가. 이는 뜻이 돈독하지 못하기 때문이다."라고 하여 학문적 탐구 자세를 강조하였다.

이만도는 18세가 되던 1859년 봉화 유곡의 기천 권승하의 딸과 혼인하였다. 그리고 그는 이듬해부터 과거 급제하여 벼슬에 나갈 때까지 처가를 출입하며 장인 권승하와 그의 아우 이재 권연하 형제의 문하에서 학문을 닦았다. 이때 그는《근사록》·《주자서절요朱子書節要》·《예기禮記》 등을 열심히 읽었다. 이만도의 처가인 안동권씨 가문은 당대 최고의 반가로서 이름을 떨친 가문이었다. 특히 기천과 이재 형제가 그러하였는데, 이들은 정재 류치명의 문하에서도 출중하여 사문師門의 칭송을 받았다. 부친 이휘준과 장인 권승하는 애초부터 아주 막역한 사이였으므로, 이만도의 부친이 직접 아들을 권승하에게 장인과 스승의 인연으로 맺어주었던 것이다.

부친과 장인 사이의 교분에 대해서 이만도는 "아! 공(권승하)과 나의 선군先君 국자공國子公은 뜻이 같고 의가 부합하여 당세에 이름을 날렸으니, 소자가 문하에 들어갈 때 선군께서 소자에게 일러 가로되 '우리 가운데 공부가 제대로 된 자는 오직 권모權某이니 너는 그이를 잘 배우도록 하여라'고 하셨으며, 이에 소자는 문하에서 배우기를 청하게 되었다."고 하였다.

이렇게 이만도는 안으로는 문중의 선배로 여러 학자들이

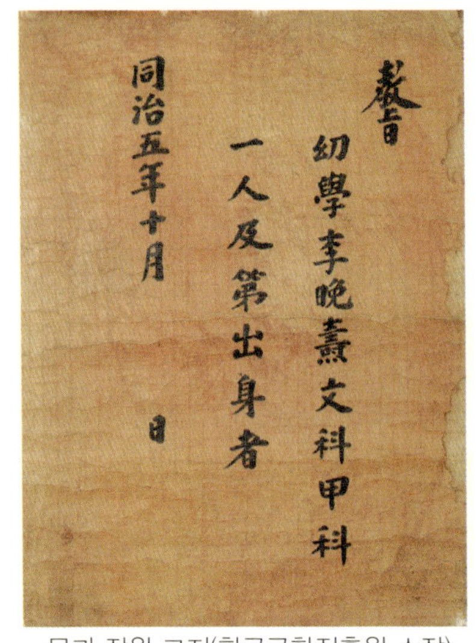

문과 장원 교지(한국국학진흥원 소장)

즐비하였고 밖으로는 류치명의 문인 권연하의 적전嫡傳을 이어 받았으니, 실로 사문과 사우의 연원이 빛나지 않을 수 없는 것이다.

3) 문과에 장원 급제하여 성균관 전적에 오르다

이만도가 과거에 큰 뜻을 두게 된 것은 15세가 되던 해인 1856년, 부친 이휘준이 문과에 급제하면서부터였던 것 같다. 그는 작은아버지 이휘철이 돌아가신 뒤 5년이 지났을 때 그 집안의 양자로 들어갔는데, 집안이 매우 어려웠다. 그러므로 생부의 과거 급제는 이만도 자신에게도 큰 기쁨이 되었을 뿐 아니라 입신을 향한 큰 결심을 하도록 하였던 것 같다. 이는 그가 이때 스스로 왼쪽 엄지손가락을 굽혀 굳게 맹서하기를 "내 오늘부터 글을 읽어 과거에 합격하지 못하면 이 손가락을 펴지 않으리라."하고 다짐하였던 〈연보〉(《향산문집》부록 권3)의 내용에서도 짐작할 수 있다. 실제 그는 10년이 지난 1866년 과거에 급제한 뒤에야 비로소 손가락을 폈다고 한다.

이만도는 1865년 2월 경상도 향시에 참가하였고, 25세가 되던 1866년 8월 경시京試에 응시하여 진사가 되었으며, 9월 정시에서 문과 갑과 제1인으로 뽑혔다. 이때 생부 이휘준의 관직도 이미 성균관 대사성에 올라 있었다. 부친 이휘준은 이만도에게 관인으로서 갖추어야 할 자세를 준엄하게 훈계하였다.

내가 이미 관직이 높고 너 또한 장원이 되니 기쁜 것이 아니라 실로 두렵구나. 너는 삼가고 교만하지 말라. 이 말은 돌아가신 증조부의 엄한 말씀이니 너는 항상 신중하여라. 몸을 나라에 맡기었으니 나라가 평온하면 치화治化로써 은

혜를 갚을 것이며, 위급함을 보면 마땅히 목숨을 바쳐라. 지금 변경이 위급한데 조정이 너를 죽을 자리에 두면 반드시 죽음으로써 책임을 다하라. 〈행장〉, 《향산문집》부록 권1. 2쪽.

아버지는 이제 막 장원 급제한 아들에게 '삼가고 교만하지 말라'는 가훈을 받들 것과 '나라가 위급하게 되면 마땅히 나라를 위해 목숨을 바칠 것'을 훈계하였다. 그리하여 이만도는 후일 이러한 가르침을 곧 행동으로 받들었던 것이다.

당시 조선의 정세는 안팎으로 매우 혼란스러웠다. 1866년 흥선대원군의 천주교에 대한 대탄압으로 '병인박해'가 일어나고, 이를 계기로 프랑스 함대가 강화도를 침범한 이른바 '병인양요'가 일어났다.

이러한 내우외환의 시기에 이만도는 장원 급제에 이어 곧바로 오늘날의 국립대학격인 성균관 전적典籍에 제수되었다. 이것은 부친 이휘준이 이미 성균관 대사성의 자리에 올라 있었으므로, 부자가 함께 성균관에 근무하게 되는 큰 경사였다. 그리고 이만도는 곧이어 사간원 정언이 되었다. 그러나 1867년 그가 26세가 되던 해 2월 23일, 생부 이휘준이 돌아가셨다. 이휘준은 잠시 고향인 예안에 들렀다가 상경하던 길에 심한 감기로 말미암아 결국 단양 장림長林 역사驛舍

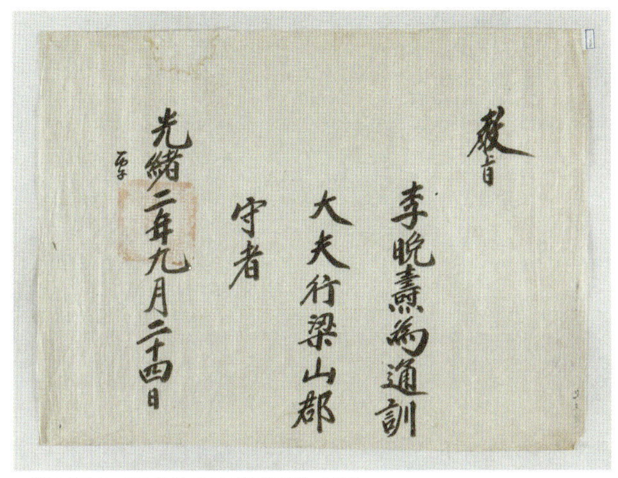

양산군수 교지(한국국학진흥원 소장)

에서 숨을 거두었던 것이다.

이만도는 부친상 탈상 후인 1869년 홍문관 부수찬에 임명되었다. 이로부터 본격적인 관인의 길을 걷게 된다. 이후 수년 동안 경연에 나아갔는데, 당직날 상감 앞에 나아가 강의를 할 때 가슴을 털어놓고 마음에 있는 뜻을 당당히 아뢰었고, 정성을 다하였으며, 또 매우 적절하고 자세하여 함께 참여했던 여러 나이 많은 재상들이 모두 칭찬하고 탄복하였다고 한다.

이후 그는 홍문관 교리, 사헌부 장령, 사헌부 지평, 통례

원 우통례, 남학교수, 병조정랑, 홍문관 부응교, 경연 시독
관, 춘추관 수찬관, 사간원 사간, 사헌부 집의 등을 거쳤고.
1876년 이만도는 강화도조약 체결에 따른 개항 반대 상소를
올린 면암 최익현을 두둔하다가 일시나마 관직에서 쫓겨나
기도 하였으나, 곧 복직되었다.

그러나 그는 어머니를 봉양하기 위해 외직을 희망함으로
써 1876년 9월 경상도 양산梁山군수로 임명되어, 11월 임지
에 부임하였다. 그때 심한 흉년으로 양산 백성들의 굶주림
이 극심해지자 자신이 먼저 녹봉에서 900냥을 희사하고, 부
유층으로부터 모금한 2,000냥과 함께 사창미 500석을 풀어
이들을 적극적으로 구호하였다. 이를 두고 백성들의 칭송은
물론 경상감사와 어사까지도 그의 치적을 1등으로 보고하였
다고 한다.

4) 통정대부 공조참의를 끝으로 향리에 백동서당을 짓고
독서와 강학에 힘쓰다

1878년 6월 양산군수의 임기를 끝내고 물러나 고향으로
돌아왔다. 곧이어 사헌부 집의, 홍문관 응교에 제수되었으
나 상경하지 않았다. 그 후 이만도는 41세가 되던 1882년 1
월, 홍문관 수찬에 올라 왕세자의 가례에 참가하고 여러 관

백동서당과 현판

리들을 대표하여 축하의 글을 지어 올리는 등 왕실의 의례를 성실히 수행하였다. 그리하여 3월에는 통정대부 공조참의에 올랐다. 그리고 4월에는 다시 정시 대독관에 임명되었으나 나가지 않고 귀향하였다. 이후에도 공조참의에 이어 승정원 동부승지 등 여러 차례 관직에 제수되었으나 끝내 나가지 않았다.

1882년 6월 고향에서 이만도는 임오군란으로 시신도 없이 거행되는 명성황후의 장례식을 통렬히 반대하는 상소를 올리는 등 여러 가지 시정을 바로잡고자 하였다. 그러나 충주로 피신했던 명성황후가 궁궐로 되돌아오자 상소는 중단되었다. 이만도는 이후에도 여러 차례 나라의 부름을 받았으나 나가지 않고 향리에서 독서와 강학에 힘썼다.

1893년 이만도는 현재의 안동시 도산면 토계리에 백동서당柏洞書堂을 짓고, 이듬해 2월부터 이곳에 머물면서 은거생활을 시작하였다. 그런데 일본이 동학농민운동을 계기로 군대를 출동시켜 경복궁을 점령한 뒤 김홍집을 중심으로 하는 친일 내각을 앞세워 조선 침략의 야욕을 노골적으로 드러내기 시작했다. 이에 이만도도 상소 등으로 격렬하게 저항하였다.

1895년 54세가 된 이만도는 명성황후의 변고를 듣고 통곡하여 말하기를, "신하가 된 몸으로 일찍이 유례가 없는 변을 당하고도 적을 쳐서 원수를 갚을 의거도 일으키지 못하고, 상을 당하고도 예로서 치루지 못하니, 나라의 망함이 어찌 이 지경에까지 이르렀는가."라고 통탄하며 세상을 뒤로하고 은둔의 길에 나섰다. 그는 백동서당을 떠나 일월산 기슭, 현재의 영양군 청기면 행화리의 광덕廣德으로 들어가 거처를 정하고, 매달 초하루와 보름에는 국사봉國思峰에 올라 서울을 향해 통곡을 하였다.

5) 고종의 밀지를 받들고 거사를 도모하다

1894년 6월 21일 새벽 경복궁이 일본군에 의해 점령되는 갑오변란이 일어났다. 이것은 일본군이 청과 전쟁을 수행하기 전에 조선을 일본의 영향권 아래에 두고자 일으킨 사건이었다. 그리고 6월 23일(양 7. 25) 일본군은 충청도 풍도豐島 앞바다에서 청국 군함을 기습 공격함으로써 청일전쟁을 일으켰다. 이러한 상황에서 일본군의 조선 침략을 막고자 안동에서 청풍 유생 서상철이 의병을 일으켰다.

서상철(1860~1932)은 자는 자유子由, 호는 경은敬殷, 본관이 달성이고, 서울 출생이었는데 제천 청풍으로 옮겨 살았던 인물이다. 그는 1860년 서성徐渻의 9대손인 서호순徐浩淳의 장남으로 태어났다. 그는 재종간인 호좌의진 소모장 서상렬을 따라 청풍으로 이사한 뒤, 성재 류중교의 문하에서 공부하였다. 그의 집안은 안동과 깊은 연관을 가지고 있었다. 달성서씨가 안동시 일직면 소호리에 입향한 것은 16세기 중엽 함재涵齋 서해徐嶰(1537~1559) 때였다. 그 후손들이 이곳에 세거世居하였는데, 서해는 서상철의 12대조이다. 이러한 인연 때문에 서상철이 예부터 친척들이 터를 잡고 있던 안동을 의병을 일으킬 지역으로 선택한 것으로 짐작된다.

서상철은 1894년 7월 2일(양 8. 2) 안동 지역 일대에 격문 〈호서충의서상철포고문湖西忠義徐相轍布告文〉을 발송하였는데, 7월 25일(양 8. 25) 안동향교에 모여 적도를 토벌할 기

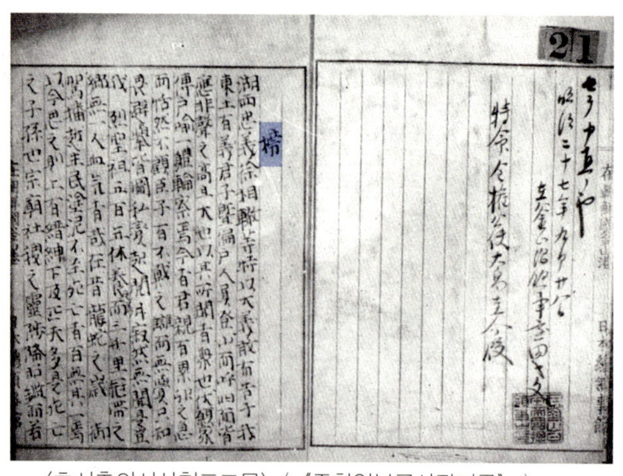

〈호서충의서상철포고문〉(《주한일본공사관기록》 1)

일을 약속해 달라는 내용이었다. 또 그는 경상도 일대에 일
본인 및 일본군을 배척하자는 내용의 방榜도 배포하였다. 서
상철의 포고문이 예안에 도착한 것은 7월 14일(양 8. 14)이었
다. 그리고 7월 20일 서상철은 이만도를 만나기 위해 예안
으로 찾아왔다. 이만도는 서상철을 만난 소감을 《향산일기響
山日記》의 1894년 7월 20일자에서 이렇게 적고 있다.

> 서상철이 본읍(예안) 향교로 왔다. 언사가 바르고 의로움
> 이 굳건했다. 그러나 군사를 모으라는 왕명이 없이 선비 스
> 스로 거의하였으니, 조정에 죄를 얻을까 두렵다.

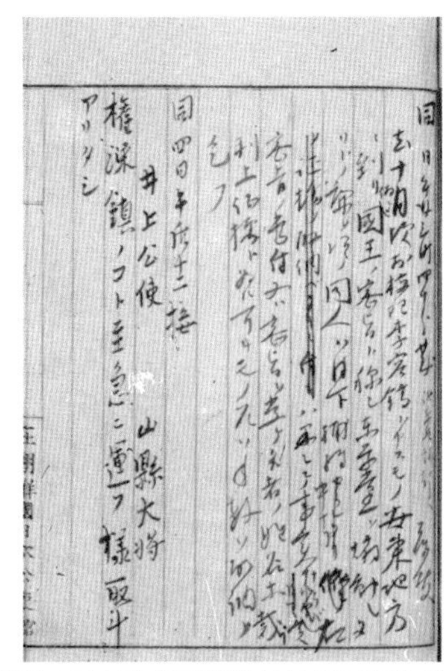

이용호의 건(《주한일본공사관기록》 5)

　여기서 이만도는 서상철의 주장에 대한 당위성을 인정하면서도, 그가 국왕의 공식적인 승인 없이 군사를 일으키려 하는 데에는 의문을 갖고 있었던 것을 알 수 있다. 즉 이만도는 서상철의 의병 동참 요청에 즉각적인 동의를 하지 않았던 셈이다.

　이만도가 의병을 일으키려 했던 보다 직접적인 계기는 1894년 8월 고종이 비밀리에 영남 지방으로 파견한 소모관召募官 이용호李容鎬를 만나면서부터였다. 이용호는 안동의

향촌 사회를 규합하여 의병을 일으켜 일제를 몰아내자고 하였다. 그 구체적인 계획이나 방안은 알 수 없는데, 왜냐하면 그의 배일 활동 동향이 포착되어 1894년 10월 29일(양 11. 26) 그만 체포되고 말았기 때문이다.

일제는 '이용호가 가지고 있다는 국왕의 밀지란 위조된 것'이라 하여 그 실체를 부정하면서도, 그 목표가 의병부대 편성에 있었다고 하였다. 이만도는 이용호가 지니고 온 고종의 밀지를 받고 통곡을 하며 함께 거사를 도모할 것을 기약하였었다. 그러나 이용호가 붙잡히면서 의병항쟁에 나서려 했던 그의 계획도 수포로 돌아가고 말았다.

6) 예안의진 창의대장에 오르다

1895년 8월 20일의 명성황후 시해 사건인 '을미사변'에 이어, 11월 15일 단발령의 공포는 전 민족적인 충격과 분노를 자아냈다. 1895년 11월 27일 단발을 실시하라는 공문이 안동부에 도착하자 유생들을 중심으로 이에 항거하는 통문이 각처에 돌기 시작했다. 안동 지방에서 가장 먼저 나온 통문은 〈예안통문〉이었다. 이 통문은 1895년 11월 29일(양 1. 13) 유학 이만응李晩鷹, 유학 금봉렬琴鳳烈, 목사 이만윤李晩胤, 진사 김수현金壽鉉, 교리 이만효李晩孝, 승지 이중두李中

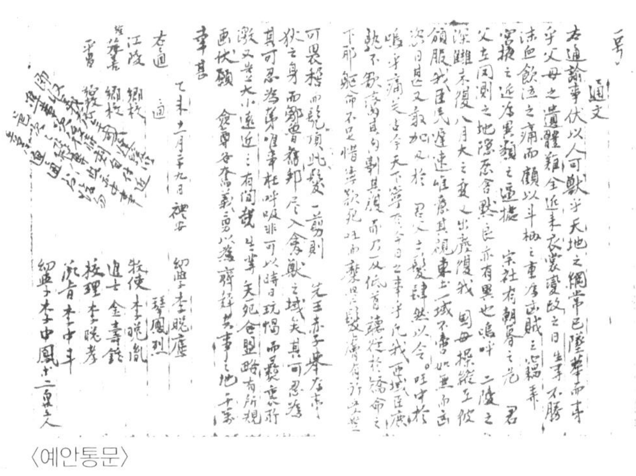

〈예안통문〉

斗, 유학 이중봉李中鳳 등 유생 223명이 연명聯名한 것으로
서, 멀리 강릉·정선·평창 등 영동 지방의 여러 향교로도
발송되었다.

이 통문의 주창자에서 이만도의 이름은 확인되지 않는다.
그러나 그가 곧이어 의병장에 올랐던 정황으로 보나, 통문
에 대한 진성이씨 문중의 상황으로 보나, 이만도도 통문 연
명자의 중심인물이었을 것은 당연한 일이다.

〈예안통문〉의 내용은 다음과 같다.

두루 밝힐 일은 삼가 엎드려 생각하건대, 사람이 짐승이 될 수 있습니까. 천지간에 강상이 이미 무너졌다고 하여 문명국으로써 야만이 될 수 있습니까. 부모의 유체를 보전하기 어렵게 되었습니다. 근래 우리 고유의 의복을 고치던 날, 우리는 피를 토하고 눈물을 마시는 원통함을 이기지 못하였습니다. 돌아보건대, 권병權柄의 중요한 자리는 흉적들이 도적질해 다 차지하고, 궁궐의 지엄한 자리 옆에 오랑캐의 무리들이 붙어 있으니, 종묘사직은 조석으로 위태롭고 임금님은 망측한 처지에 놓여 있습니다. 숨어서 눌러 참고 침묵을 지키는 것은 진실로 무슨 까닭입니까. 아! 임진·정유왜란 때 우리 능묘陵墓를 침범한 깊은 원수를 아직도 갚지 못하였는데, 올해 8월에 우리 국모를 시해한 변고가 다시 일어나, 우리 국모를 폐위하고 복위하는 것도 저놈들 손에 있고, 우리 신민에게 의복을 입히는 것도 저놈들 마음대로 하니, 우리나라를 너무나 업신여길 뿐만 아니라 방자하고 흉악한 태도는 날이 갈수록 심합니다. 더구나 임금의 머리를 강제로 깎게 하고, 나아가 온 나라 안에 삭발령을 내리니, 아! 원통합니다. 고금 천하에 오늘과 같은 일이 어디 있겠습니까. 무릇 우리나라 백성이라면 누구나 다 저놈들의 살을 씹고 배를 가르고 싶은 심정인데, 도리어 고개를 숙이고 거짓 명령을 따른단 말입니까. 목숨은 아까울 것 없습니다. 차라리 나라를 위해 죽어서 뼈가 가루가 될지언정 머리털은 부모에게 받았으니 어찌 죽음이 두려워서 머리를 깎겠습니까. 머리를 한 번 깎이면 선왕의 백성이 모두 오랑캐의 몸이 되고 추로鄒魯와 같은 옛 고을이 모두 금수의 지역으로 떨어지고 말 것이니, 이 어찌 차마 할 수 있는 일입니까. 살펴건대, 일이 급하기가 시각을 다투는 것이라 시일을 미룰 수 없습니다. 상도常道를 굳게 지키는 마음과 마음이 격동하는 곳에 어찌 원근과 대소의 차이가 있겠습니까. 우리는 죽기를 맹세하고 회맹을 하여 대략 계획을 세웠으니, 여러분도 각각의 의로운 용기를 떨쳐 함께 나아가 성토할 기회를 마련한다면 천만다행이겠습니다.

을미 11월 29일 예안

유학 이만응

금봉렬

목사 이만윤

진사 김수현

교리 이만효

승지 이중두

유학 이중봉 등 223인

위 통문 돌린 곳

강릉향교

정선향교

평창향교

여기서 유생들은 명성황후가 죽임을 당한 것도 복수하지 않을 수 없는 일인데, 상투를 잘라 짐승이 되고 야만이 되고 오랑캐가 되는 치욕을 그냥 보면서 당하고만 있을 수 없다고 말하고 있는 것이다. 이에 각지 유생들은 죽기를 각오하고 의병을 일으키자고 하였다.

이 통문의 연명자 중 이름이 확인된 인물은 7명이다. 그 가운데 금봉렬과 김수현을 제외하면 나머지 5명은 모두 진성이씨 인사들이다. 이만응·이만효·이중두는 상계, 이만윤은 의인, 이중봉은 용계 출신 인사이다. 이것은 통문의 주축이 진성이씨 문중이었음을 짐작하게 하는 것이다.

예안의진은 1895년 12월 9일(양 1. 23) 즈음 예안 시사단試士壇에서 결성되었다. 안동의진이 12월 3일 결성된 것에 비하면 6일 만의 일이다. 의진 대장에는 이만도가 올랐다. 이때의 의진 진용은 다음과 같다.

     대 장 : 이만도
     부 장 : 이중린李中麟
     유격장 : 이인화李仁和

예안의진의 진용으로는 대장에 이만도, 부장에 이중린, 유격장에 이인화 등이 각각 올랐다. 그러나 진용의 자세한 내용은 지금으로서는 알 수가 없다. 예안의진의 이름은 '선성의진宣城義陣'이라고도 하는데, 예안의 옛 이름이 선성이기 때문이다. 그러나 〈예안통문〉이란 이름에서 알 수 있듯이 이곳에서는 '예안'이란 이름이 더 익은 편이다. 그래서 '선성의진'을 '예안의진'이라 해도 좋은 것이다.

7) 의진을 해산하고 봉화 재산의 광덕으로 은신하다

예안의진은 창의 후 9일 만인 12월 18일(양 2. 1)에 해산하였다. 안동의진이 12월 15일 관군과 일본군에 맞서 싸우다가 크게 패하였다는 소식이 전해졌기 때문이다. 이 소식에 놀란 예안의진은 12월 17일 병사들을 점고點考했으나 병사들은 뿔뿔이 흩어지고 말았다. 당시 상황을 이만도의 〈연보年譜〉(《향산문집》부록 권3)에서는 다음과 같이 적고 있다.

12월 18일 의진을 해산하고 입산하다.

의병이라 이름한 지 겨우 8일 만에 경병京兵이 밤을 틈타 안동진을 습격했다. 본진에서는 아직 점검을 하려 하는데 소문만 듣고 놀라 흩어져 버려 수습할 수 없었다. 선생은 "오합지졸의 농민들이 황급하게 흩어지는 것을 굳이 나무랄

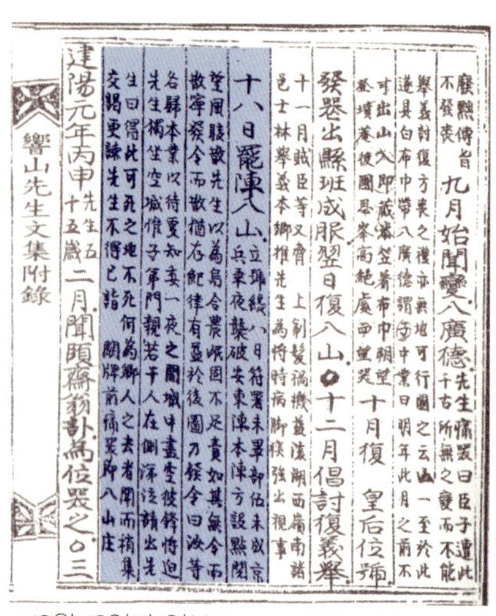

廣賑傳省
不發喪　九月始聞慶八廣德 · 　先生痛哭曰臣子遭此
千古所無之變而不能
舉義討復方裏之禮亦無地可行圖之云
逕具白布中帶八廣德謂年中棠日明年此月之痛不
可出山久即藏於笠着布中朝望
蓋墳養後圍恩峯高絕慮西望哭　十月復
皇后位殂

癸器出縣班成服望日復八山 ● 十二月倡討復義舉 ·
邑士林舉義本鄉推先生為將時病脚瘼強出視事
十一月賊臣等又齊上剃髮禍機蓋浚潮西崎南諸

十八日罷陳八山 · 立鄉總八日符署未畢部伍未成京
兵粟夜藥破安東陳本陳方設黜閣
堂風駿敢先生以為烏合農岷固不足責如其無令而
故寧癸令而散猶存舵律有盍於後圖刀餘今日汲等
先生獨坐空城愧子軍門親若干人在側渾迬鏑出先
各歸本業以待更知妻一夜之間城中盡空彼鋒悟迫
生曰偽此可死之地不死何為獅人之去者聞而摘集
交喝更諫先生不得已詣　關牌前痛哭所八山庄

建陽元年丙申　先生五十五歲二月聞頤齋翁訃為位哭之○三

響山先生文集附錄

12월 18일자 연보

것은 없다. 영이 없어도 흩어지는 것이 이와 같으니 차라리 영을 내려 흩어지게 하는 것이 오히려 살아남아 후일을 도모할 수 있다."고 하여 "너희들 각자 돌아가 본업에 종사하면서 다시 알릴 때까지 기다려라."라고 하여 해산을 명하였다. 하룻밤 사이에 성은 텅 비고 선생만 홀로 빈 성에 앉아 있었으며, 자제와 문인과 친척 몇 명이 옆에서 울고 있었다. 선생에게 나갈 것을 청하니 "죽을 자리를 얻어서 죽지 못했는데 어찌 가버린 의병들이 듣고 다시 모이겠는가."라고 하며 나와서는 곧 입산하였다.

110

이만도가 이끄는 예안의진은 전열도 채 갖추기 전에 안동의진의 참패 분위기에 휩싸여 그만 무너지고 말았다. 그러므로 창의할 때 군사를 모집하여 함께 싸우기로 했던 처음의 계획은 실현되지 못하였다. 이만도가 결성한 의진은 비록 결성 초기에 무너지고 말았지만, 이후에 다시 일어나는 예안의진과 인근 지역의 의병 봉기에 많은 영향을 주었다. 이후 이만도는 일월산으로 들어가 은거하였고, 부장 이중린은 청량산으로 들어가 재기를 준비하였다.

8) 을사늑약 폐기 상소를 올리고, 죄인을 자처하며 유랑 길에 나서다

1896년 말 봉화 재산의 광덕으로 들어간 이만도는, 이듬해 봄 다시 백동으로 나왔다. 그리고 그해 말 다시 광덕으로 들어갔고, 이듬해인 1898년 봄에 다시 백동으로 나왔다. 그해 4월 이만도는 작은아들 이중집李中執이 20살의 나이로 요절하는 아픔을 겪었다. 그러나 그는 독서와 저술을 중단하지 않았다. 1900년 겨울 다시 광덕으로 들어갔다가 이듬해 봄에 백동으로 나왔다. 광덕은 일월산 아래 선영先塋으로 가는 길목이었고, 백동은 조모 정경부인 권씨 묘소가 있는 곳이었다. 이후에도 그는 1910년까지 10여 년 동안 광덕과 백동서당을 근거지로 하며, 사동沙洞·행전촙田·모곡某谷·모암某巖·물산동勿山洞·고림高林·명동明洞·방장산方丈山·후평厚坪 등지를 수없이 왕래하였다.

이만도가 다닌 곳의 대부분은 조상 묘소와 관련이 있었다. 백동은 조모의 묘소가 있는 곳이며, 모암에는 숙부 이휘택의 묘소가 있고, 고림에는 고조부 이세사의 묘소가 있으며, 명동은 양부 이휘철의 묘소가 있는 곳이었다. 그러므로 이만도는 조상의 묘소를 다니며 스스로 고행을 하는 생활을 하였던 것이다.

한편, 이 무렵 일제는 1904년 2월 러일전쟁을 일으키며 여러 가지 조약을 강제로 맺어 대한제국 침략을 노골화하더니, 1905년 11월에는 급기야 을사늑약乙巳勒約을 맺어 외교권을 비롯한 국권을 송두리째 위협하였다. 상황이 이 지경에 이르자 조약의 파기와 그 앞잡이 노릇을 한 '을사오적'의 처단을 요구하는 함성이 전국적으로 들끓었다. 이만도는 을사늑약의 비보를 듣자 아들 이중업李中業을 시켜 즉시 상소하였다. 그 내용의 일부는 이러하다.

우리가 일본과 교류를 해온 것이 3백 년이나, 이릉二陵의 원수는 반드시 갚아야 합니다. 저들이 믿음의 맹세를 하고

請斬五賊疏 乙巳十二月九日上徹 留中

響山先生文集卷

伏以臣身後重劾退伏即蒙今二十年癸中間猥蒙瀆拂
之恩栖不敢自處於平人凡於 國家大事莫敢出位
與論灭伏聞今者五賊賣國神羞有滔移之漸 宗社值
危亡之會上自大僚下曁百執事相繼庭請 俞音尚阿
或有自裁者或有被劾者如臣滓穢餘喘亦有彛性何敢
晏然自在惟是素患風濕偏脚戌瘡動引不瘳兹敢扶曳
縣道遙陳血忱伏乞 聖明垂察焉臣麋甄之中天下形
便菁延莫知而窃伏念我 國與日本壬辰之後申修隣
好堅立信誓毋相侵越跲至三百年而 二陵之讐必報
之義未膚一日敢忘矢迺自萬國開化之後彼乃渝其倍
誓先請開港兩其之違次欲入居都城而莫之違此不特

昇平日久恬嬉成俗力勢之有所不敵而胝迁實由如立
賊者類締結彼類攬作外援圖竊操柄之致迁彼之膚試
既久醞釀已熟至於乙未而有亘萬古所未有之大變迁
為臣子者所宜臥薪嘗膽寢苫扢戈圖所以為討復之計
而全懷姑息一意媕忽使不共戴天之讐認之為薄物細
故馴致亂萼等或事與心違則必曰天運迁時運迁此已極
寒心況介蘗使之來迁倉皇址踰根澤重顯完用等五賊
與应五條契約脅迫 天陛竟至調印是可忍迁孰不可
忍迁盂其約條臨幻邪選外之所可詳知而以外部移置
東京一條觀之我不復為國於天下兩土地人民財賦皆

〈청참오적소〉

먼저 개항을 청했을 때 막지 못했던 것은 평화가 오래 지속
되어 풍속이 유약해져 대적할 수 없었던 탓도 있지만, 오적
五賊이 바깥 세력과 은밀히 손을 잡고 나라를 팔아먹을 모략
을 꾸민 탓이기도 합니다. 만고에 없는 변란을 당했으니 원
수를 갚을 계책을 꾸며야 하는데 어쩔 수 없다고 체념하는
한심한 작태를 보였을 뿐만 아니라, 박제순·이지용·이근
택·권중현·이완용 등 오적은 임금을 협박하여 조약을 체
결하였습니다. 외부外部를 일본으로 옮기는 것은, 토지와 인
민과 재산이 모두 저 외부에 달렸으니 결국 나라가 없어지
는 일입니다. 저 통감이라는 것은 우리나라의 직책으로 무

엇에 해당하는지 모르지만, 황실이 유지될 수 있겠습니까.
나라는 없어질 것입니다. 만국공법에 물어서라도 협박에서
나온 조약은 폐기해야 합니다. 〈청참오적소請斬五賊疏〉, 《향산문
집》권2, 17~19쪽.

이만도는 이 조약이 강제된 것은 안으로 '을사오적'이 있
었기 때문이며, 조약에 따른 '외교권 박탈'은 결국 나라를 없
어지게 만든다는 것을 통탄하였다. 따라서 그는 왜적을 물
리치기 전에 을사오적을 먼저 처단해야 하고, 강압에 의해
맺어진 조약은 만국공법에 의해서라도 폐기해야 된다고 주
장하였다.

그러나 이 상소에 대한 비답批答은 받지 못하였다. 이만도
는 크게 낙담하고, 일월산으로 들어가 남루한 옷으로 산나
물을 먹고 죄인을 자처하며 유랑하였다. 그는 양부 이휘철
의 묘소가 있는 봉화 재산면 동면리 바드실 묘막에 자주 머
물며 영전에 엎드려 죄인의 고행을 닦았다. 그 후 1907년 8
월 일본군에 의해 퇴계 종택이 방화되는 참상까지 당하자,
그는 나라도 망하고 종택도 불탄 마당에 갈 길은 오직 자진
뿐이라고 생각하게 되었다.

9) 부모의 유체를 훼손하지 않기 위해 단식이란 방법으로 자정순국하다

1907년 고종 황제가 강제 퇴위된 뒤, 8월에 이만도는 종2품 가선대부嘉善大夫의 지위에 올랐고, 그 후 다시 정2품 자헌대부資憲大夫로 품계가 올랐으나 나가지 않았다. 다음은 이만도가 국치가 임박했을 무렵 지은 것으로 보이는 편지의 한 구절이다.

> 만도는 선영 아래서 자진하기를 고대한 것이 이미 몇 년이 지났다. 하루 죽지 못하면 하루 죄인이 되고, 이틀 죽지 못하면 이틀 죄인이 된다. 쌓이고 쌓인 죄가 산과 같고 바다와 같은지라, 우러러 하늘에 부끄럽고 꾸부려 사람들에게 부끄럽다. 〈답권태형答權泰亨〉, 《향산문집》.

이만도는 이미 수년 전부터 자진을 결심하고 있었다. 1910년 7월 25일(양 8. 29) 결국 나라가 망하였다. 8월 1일(양 9. 4) 고림 선영에서 평소 가까이 지내던 서파 류필영으로부터 이 소식을 전해들은 그는 이후부터 날마다 선영의 묘소를 찾아 통곡하며 자진할 방법을 찾았다. 그리고 8월 14일(양 9. 17)부터 자정을 결심하고 단식에 들어갔다. 처음에

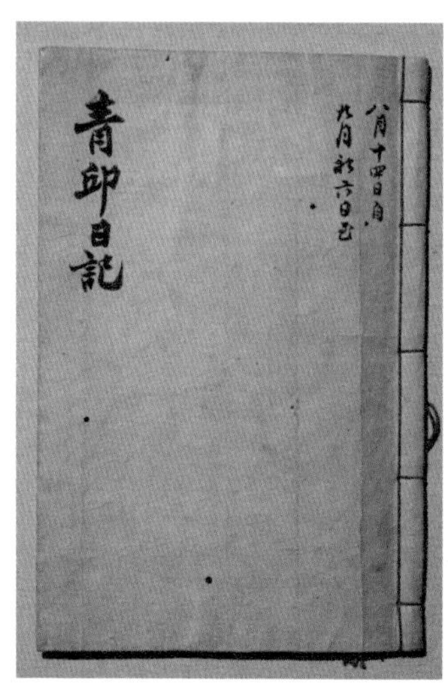

_ 이만도의 순국 기록 《청구일기》 표지

는 재산 명동의 묘막에서 단식하려고 했으나, 이강호李綱鎬
의 간청으로 그의 처소인 율리 청구동 고조부 만화공 댁에서
자진을 결행하였다. 이강호가 매일 곁에서 기록한 《청구일
기靑邱日記》에 따르면, 그가 울면서 식음을 권했으나 이만도
는 다음과 같이 일렀다고 한다.

8월 18일(양 9. 21)

내가 나라의 두터운 은혜를 받았는데도 을미년 변란이 일

어났을 때 죽지 못하고, 다시 을사년에 5조약이 체결되었을 때 또한 죽지 못하고, 산에 들어가 구차하게 연명한 것은 그래도 이유가 있었다. 그러나 지금은 이미 아무 것도 기대할 만한 것이 없어졌는데 죽지 않고 무엇을 바라겠는가. 변란이 있었다는 소식이 있은 지 며칠이 지났는데도 이때까지 아직 지체하고 있는 것은 자진할 방도를 찾지 못했기 때문이다. 지금 내 뜻이 이미 정해져 명동에 가서 생을 다할 참이니 다시는 여기에 대해 말하지 말라.

이만도는 주손 이강호의 청으로 장소를 명동으로는 옮기지 않기로 하였고, 자진 방법은 부모의 유체를 훼손하지 않기 위해 단식이란 방법을 택하여 실행하였다. 동생 이만규 이하 자질들이 만류를 해도 그 뜻을 막을 수가 없었다. 단식 5일 째인 8월 19일에 이강호는 성곡에 있는 본집에 알려 아들 이중업에게 이 소식을 전했다. 장질 이중숙도 달려왔다. 이만도가 단식에 들어갔다는 소식이 알려지자 일족과 지인들이 매일같이 찾아왔다. 그는 일일이 평상시처럼 이들을 맞아 주었다. 그러나 자신의 처지와 관련된 말이 나올 때는 "나는 천지간의 한 죄인에 지나지 않는다. 바라건대 제공은 뜬소리나 과장된 말을 하지 말라. 장차 죽어가는 이 사람으로 하여금 죄 위에 죄를 더하게 하지 말라."하고 엄중히 경고하였다.

단식을 염려하여 찾아오는 손님들의 방문을 받으면서 이만도는 때로는 학문과 인생을 논하기도 하고, 때로는 정담을 나누기도 하였으며, 또 때로는 엄중히 훈계를 하기도 하여, 당대 지식인으로서의 품위를 결코 잃지 않았다. 영양의 병장 벽산 김도현이 문안을 오자 그는 "두 사람의 마음이 통한 지가 이미 여러 해 되었거늘 어찌 이렇게 먼 곳까지 고생하며 만나러 왔는가."하며 김도현을 정담으로 대하였다.

이만도는 단식에 들어간 지 17일이 지나도 정신과 기색이 여전히 또렷하였고 가벼운 거동도 가능할 정도였다. 그는 "내가 때때로 냉수를 마셨는데, 물기가 장부臟腑를 적셔서 죽지 않는 것 같구나."하고는 이날 이후로는 물조차 마시지 않았다. 단식 20일이 되던 9월 4일에는 이강호에게 자신의 신주神主에 '자헌대부겸승정원동부승지資憲大夫兼承政院同副承旨'라고 쓰는 것이 좋겠다는 장례 범절과 함께 장례 절차의 간소화를 당부하기도 하였다. 그리고 이후의 손님은 일체 사양하였다. 그의 심중을 담은 유시遺詩 한 수 〈초3일방객위初三日牓客位〉(《향산문집》권1, 57쪽)를 보면 다음과 같다.

자신을 속인데다 남을 속였으니

하늘에 두렵고 땅에도 두렵구나

그런데 아직도 목숨 붙어 있으니

제 구실 못할 저승사자 어디에 쓰랴

여러 현인 달자들께 꼭 바라노니

이 외진 골짜기를 다시는 찾지 마소

9월 5일 일본인 경찰이 와서 미음을 강제로 먹이려 하자 그는 자리에서 벌떡 일어나 "나는 당당한 조선의 정2품 관리이다. 누가 감히 나를 설유說諭하고 협박하려 하느냐."하고 호통을 쳐서 이들을 물리쳤다. 이만도는 임종의 순간까지도 드높은 선비의 절개를 잃지 않았던 것이다.

이만도는 기력이 극도로 쇠약해져 말에 힘이 없고 말이 입 밖으로 나오지도 않게 되었다. 그럼에도 이튿날 6일 새벽에 그는 부축을 받고 일어나 앉아 아들 이중업에게 일체의 허례허식 없이 평민의 장례식과 같이 검소하게 장례를 치를 것과, 장례식 때 죽은 사람의 관직과 성씨를 적는 기旗인 명정銘旌에는 '조선국세신통정대부이공만도朝鮮國世臣通政大夫李公晩燾'라고 쓸 것을 유언하였다.

이만도는 24일 동안의 단식 끝에 1910년 9월 8일(양 10.

향산 이선생 순국유허비(위)와 묘소(아래)

120

10) 향년 69세로 자정순국하였다. 그의 상여는 예안 하계의 본가로 돌아왔다. 유해는 예안 동쪽 강정산 줄기에 안장되었다가 1912년 봉화군 재산면 동면 2리 바드실마을에 있는 양부 이휘철의 묘소 옆으로 이장되어 오늘에 이르고 있다. 향산의 묘비 앞면에는 '조선국세신승정원동부승지진성이공만도지묘朝鮮國世臣承政院同副承旨眞城李公晚燾之墓'라고 새겨져 있다.

이만도가 순국한 곳은 청구동 율리인데, 현재 안동시 예안면 인계리 청구들로써 '향산공원'이 조성되어 있으며, 여기에 '향산이선생순국유허비響山李先生殉國遺墟碑'가 세워져 있다. 1948년에 세운 이 비석의 비문은 위당爲堂 정인보鄭寅普가 지었고, 앞면 제자題字는 백범 김구가 썼다. 이만도는 당대의 지식인으로서 거의항쟁과 자정순국의 길을 걸었다.

4

예안의진의 실질적인 기획자
운포 이중린

"김석중의 머리를 베어 오는 자는 천금千金을 내리고, 주사나 순검의 머리를 베어 오는 자는 한 사람당 백금百金을 내린다." 이긍연의 《을미의병일기》에서

1) 계당 류주목의 문하에서 공부하여 가학을 잇다

안동 지역 의병장 가운데에서 계당학파에 속한 이가 운포雲圃 이중린(1838~1917)이다. 그는 1838년 안동군 예안면 온혜동 용계리龍溪里에서 아버지 석포石圃 이만시李晩蓍와 어머니 연안이씨延安李氏 사이에서 3남 1녀 가운데 맏아들로 태어났다. 이중린의 본관은 진성이요, 자는 진백振伯이고, 호는 운포 또는 황산潢山이다. 그는 진성이씨 상계파 퇴계의 12세손이다.

이중린이 살았던 용계마을

이중린의 10대조 몽재蒙齋 이안도李安道는 퇴계의 장손으로, 1561년 생원시에 합격하고 1574년에 천거로 참봉이 되었으며, 직장直長을 지냈다. 부인 안동권씨는 정렬貞烈로 정문旌門이 세워졌고 행적은 《속삼강행실도續三綱行實圖》에 실려 있다. 이안도는 동계서원에 향사享祀되었다. 그리고 이중린의 6대조 청벽靑壁 이수연李守淵은 1723년 생원시에 합격한 뒤 후릉참봉이 되었다. 후일 익찬翊贊에 제수되었으나 나가지 않았다. 이수연이 죽은 뒤, 경상감사 남태양南泰良이 그의 행적을 간추려 덕망 높은 군자로 추천하자 왕이 특별히

동네에 문을 세워 기리게 하는 정려旌閭를 명하였다.

증조부 이임순李林淳은 이조참판에 추증되었고, 조부 운산雲山 이휘재李彙載는 1827년 생원시에 합격한 뒤 경산현령·청풍부사·홍주목사·호조참의 등을 지냈다. 그리고 1866년 병인양요 때 경상도 소모사召募使로 활동하였고, 뒤에 한성부 우윤을 지냈다.

아버지 이만시는 1849년 생원시에 합격한 뒤 의금부 도사·산청현감·금산군수 등을 지내다가 1874년에 군위군수가 되었다. 그런데 이듬해 그 아버지인 이휘재가 돌아가셨고, 11일 뒤에 그도 그만 세상을 떴다. 이만시의 슬하에는 이중린과 아우 이중봉, 그리고 종숙부 이만성李晚成에게 양자로 간 아우 이중학李中鶴 형제와 의성김씨 김덕영에게 시집간 여동생이 있었다. 이중린은 계당溪堂 류주목柳疇睦(1813~1872)의 문하에서 공부하였으므로 한말 유학자 계보로는 계당학파이다. 그의 동생 승지 이중봉도 위정척사와 의병운동 시기에 여러 차례 이름을 드러냈다.

2) 영남 지방의 명망 높은 선비로 조정에 천거되다

1873년 흥선대원군이 물러나자 그 이듬해 안동 유림을 중심으로 한 영남 선비들이 안동 숭보당崇報堂에 모여서 대원

흥선대원군

군의 복위를 주장하는 상소를 올렸다. 이때 정민채鄭民采가
상소의 책임자인 소수疏首로 뽑혔다. 정민채는 상주의 우복
정경세 후손으로, 이중린의 장인인 정윤우鄭允愚의 숙부였
다. 그리고 상소문을 지을 사람으로는 이중린이 뽑혔다. 그
는 대원군 복위를 청하는 〈청대원군복위소請大院君復位疏〉를

지어 올렸다. 《운포유고雲圃遺稿》에 실려 있는 이 상소문의 요지는 "임금과 대원군이 화평해야 백성이 편해지므로, 전하께서는 그간의 대원군의 노고를 헤아려 복위하심이 마땅하다."는 것이었다.

영남 선비들이 흥선대원군의 복위를 청한 이면에는 천주교 및 동학과 같은 사교邪敎의 확산을 위정척사적 관점에서 다스릴 수 있는 합당한 인물이 바로 흥선대원군이라는 생각이 있었다.

이 상소로 말미암아 이중린은 안동부 감옥에 갇히기도 하고, 용궁으로 유배를 당하였다가 풀려났다. 그러나 1884년 갑신정변 이후 민씨 세력의 전횡이 심해지면서 영남 지방의 명망 있는 유생 류기호·이만응·이중린·조영기·이수악·이명연 등이 다시 귀양을 가게 되었다. 이중린은 1886년 2월부터 함경도 명천과 길주에서 4년 동안 유배 생활을 하였다.

그후 경상도 위무사慰撫使 이중하李重夏에 의해 1894년 면우 곽종석, 만구晚求 이종기, 방산 허훈, 한계韓溪 이승희 등과 함께 이중린은 영남 지방의 명망 높은 선비로 조정에 천거되었다.(《승정원일기承政院日記》, 고종 31년 갑오 12월 27일) 이는 이중린의 평소 학문과 덕행이 뛰어났기 때문이었다.

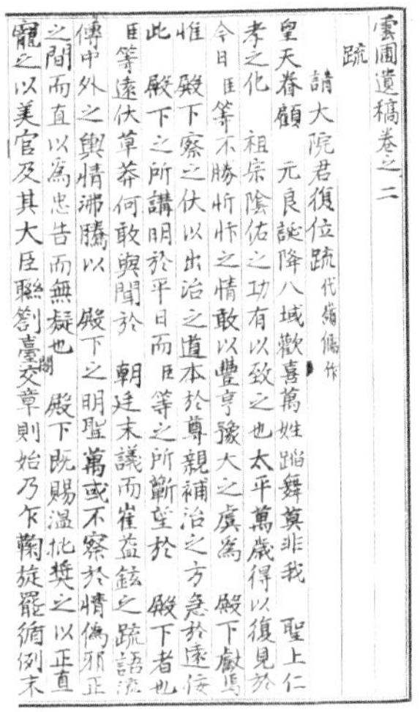
雲圃遺稿卷之二

疏

請大院君復位疏 代循儒作

皇天眷顧 元良誕降八域歡喜萬姓蹈舞莫非我 聖上仁
孝之化 祖宗陰佑之功有以致之也太平萬歲得以復見於
今日臣等不勝忻忭之情敢以豐亨豫大之廣爲 殿下獻焉
惟 殿下察之伏以出治之道本於尊親補治之方急於遠佞
此 殿下之所講明於平日而臣等之所斷望於 殿下者也
臣等遠伏草莽何敢與聞於 朝廷末議而崔益鉉之疏語流
傳中外之輿情沸騰以 殿下之明聖萬或不察於情僞邪正
之間而直以爲忠告而無疑也 殿下既賜溫批奬之以正直
寵之以美官及其大臣聯劄臺啓交章則始乃下鞫旋罷循例末

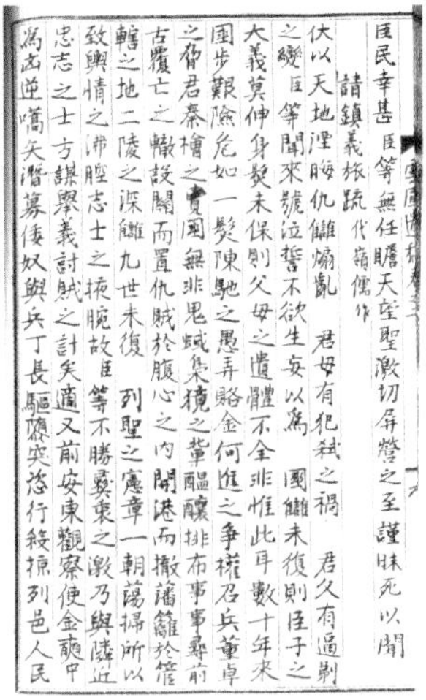
臣民幸甚臣等無任瞻天望聖激切屛營之至謹昧死以聞

請鎭義旅疏 代循儒作

伏以天地湮晦仇讎熾亂 君母有犯弑之禍 君父有逼剃
之變臣等聞來號泣誓不欲生安以爲 國讎未復則臣子之
大義莫伸身髮未保則父母之遺體不全非惟此耳數十年來
國步艱險危如一髮陳馳之愚弄賂金何進之爭權召兵董卓
之脅君秦檜之賣國無非鬼蜮梟獍之輩醞釀排布事事尋前
古覆亡之轍設關而置仇賊於腹心之內開港而撤藩籬於管
轄之地二陵之深讎九世未復 列聖之憲章一朝蕩掃所以
致輿情之沸腔志士之扼腕故臣等不勝憂衷之激乃與隣近
忠志之士方謀擧義討賊之計矣適又前安東觀察使金奭中
爲凶逆嚆矢潛募倭奴與兵丁長驅陵突恣行殺掠列邑人民

〈청대원군복위소〉 (왼쪽)와 〈청진의려소〉 (오른쪽)

3) 의병을 일으키고자 상소문을 올리고 예안의진의 부장에 오르다

1895년 11월 15일(양 12. 30) 공포된 단발령이 예안에 도착한 날은 11월 27일(양 1896. 1. 11)이었다. 단발령 시행 12일쯤 지난 뒤였다. 대낮에 순검들이 행인을 붙들어 강제로 상투를 잘라버리는 일이 벌어지자 곳곳에서 저항이 일어났다. 안동 지역에서 의병봉기를 촉구하는 통문이 여러 곳에서 거의 동시에 나왔다. 그 중 가장 먼저 나온 것이 앞서 밝혔듯이 1895년 11월 29일에 발의된 〈예안통문〉이었다. 이

통문의 연명자 수는 223명이다. 그러나 이름이 밝혀진 사람은 유학 이만응·금봉렬, 목사 이만윤, 진사 김수현, 유학 이중봉, 교리 이만효, 승지 이중두 등 7명에 지나지 않는다. 이 가운데서 이중봉은 바로 이중린의 동생이다. 이중린의 이름은 밝혀져 있지 않지만 위의 223명 속에는 당연히 포함되었을 것이다. 그것은 곧이어 결성되는 예안의진의 진용에서 그가 부장副將이라는 중책을 맡았다는 데에서 짐작되는 일이다.

예안의진이 결성될 무렵인 1895년 12월, 이중린은 〈청진의려소請鎭義旅疏〉(《운포유고》권2, 6~8쪽)라는 의진을 청하는 상소문을 지어서 조정에 올렸다. 내용의 일부를 보면 아래와 같다.

엎드려 생각하건대, 천지가 어둠에 묻히니 원수가 난을 선동하여 국모가 시해되는 화를 당하고 국부가 머리 깎이는 핍박의 변을 당하였습니다. 망령된 제가 생각건대, 국가의 원수를 갚지 못하면 신자臣子로서 대의를 펴지 못하고, 신체와 발부髮膚를 보존하지 못하면 부모가 끼쳐준 몸을 온전히 유지하지 못하옵니다. (……) 신 등은 이륜彝倫과 충정衷情의 격동됨을 감당할 수 없어, 이에 인근의 충성스러운 뜻이 있는 선비들과 더불어 의병을 일으켜 역적을 토벌하는 계책을 세우기로 하였습니다. 또한 전 안동관찰사 김석중은 흉역의 앞잡이가 되어 몰래 왜노倭奴와 병정을 모집하고, (……) 순포巡捕를 나누어 보내어 머리 깎지 않은 자에게 억지로 삭발을 시키며, 마을에 함부로 들어가 돈과 재물을 억지로 거두어 가고, 어진 이를 배향하는 사당을 부수며, 부녀자를 겁탈하여 욕보이고 있으므로, 신등은 분하여 몸을 돌보지 않고 성패를 헤아리지 않은 채 군려軍旅를 격려하여 장차 이들을 응징·토벌하여 맹세코 흉적의 무리와 더불어서 함께 살지 않고자 합니다.

이중린은 상소문에서 국모시해에 대한 신하된 자로서의 대의를 펴고, 삭발에 대해 부모의 유체를 보존하기 위하여 충성스런 선비들과 의병을 일으켜 역적을 토벌하겠다고 하였다. 그리고 그는 단발을 강행하고 있는 안동부관찰사 김석중의 죄악을 낱낱이 밝히고, 그를 흉역의 앞잡이로 규정하여 응징하겠다고도 하였다.

〈예안통문〉과 〈청진의려소〉 등의 분위기 속에서, 1895년 12월 9일 예안 시사단에서 진성이씨들이 중심이 된 예안의 진이 결성되었다. 여기서 대장에 이만도, 부장에 이중린, 유격장에 이인화, 중군장에 김석교金奭敎 등이 각각 취임하였다.

영양에서 인근 지역의 의병 상황을 둘러보기 위해 예안의진에 들렸던 벽산 김도현은 〈창의전말〉에서 "대장 양산령 이만도와 부장 용계 이중린은 위의威儀가 정숙하고 언론이 준절峻截했다."고 하였다.

그러나 예안의진은 창의한지 9일 만인 1895년 12월 18일에 해산하였다. 그것은 안동의진이 12월 15일 관찰사 김석중의 관군에게 크게 패하였다는 소식이 전해지자 의진의 병사들이 무기를 버리고 흩어지고 말았기 때문이었다.

예안의진이 해산된 뒤 이만도는 봉화 재산으로 입산하였고, 이중린은 자신의 가산을 털어 자금을 마련한 뒤 청량산으로 들어가 재기하였다. 이때의 사정을 이중린의 둘째 사위 김정섭은 《을미병신일록乙未丙申日錄》에서 "예안대장(이만도)이 그때 의병진을 파하고 간 곳을 알지 못한다."고 하면서, "부장 장인어른(이중린)은 지난 12월 25일 즈음에 토지 몇 경頃을 팔아서 청량산 속으로 들어가 포병 수백을 모집하여 위세를 크게 떨치고 있는데, 장차 본부로 향하려고 하고 있다."고 기록하였다.

또 청송의병장 심성지沈誠之도 《적원일기赤猿日記》에서 "예

청량산 청량사(청량산박물관 제공)

안의진의 부장 이중린도 청량산에 들어가 역시 가산을 기울여 병사를 모집하여 김석중을 치려 도모하였으나 기회가 미치지 아니하였다. 김석중은 개화파를 체포한다는 소문을 듣고 날이 채 밝기도 전에 도망하였고, 본군의 군수 남유희南

有熙 역시 김석중과 같은 당이라 뒤따라 도망하였다."고 하였다.

이처럼 이중린은 재산을 정리한 경비로 청량산으로 들어가 의병을 다시 일으켰고, 이 위세에 놀란 관찰사 김석중은 다시 도망을 쳤던 것이다. 그리고 이만도는 이로부터 10여 년 동안 봉화 일원의 선영의 묘소를 오르내리며 은거 생활을 하였다.

旗新設之和部伍未成倭賊斤埃乘隙自醴泉寧倭
兵數百中夜放砲于岳寺之上校官之後突入橫馳克
鋒難抗一陣遂潰散由是倭賊函姿日甚散布巡捕
巡檢窮搜士頬無不被其毒於乎慘矣旬古猾夏之
禍何代無之而宣有如今日之酷哉安東大將權世淵
入太白山九麻洞蕩斥家貲募取軍砲禮安副將李
中攅入清凉絶頂亦傾財募兵謀合擊倭賊期會未
及倭賊聞開化乾捕之報不日逃去本倅南頀熙

《적원일기》

4) 예안의진 2대 대장에 취임하고 관찰사 김석중에게 천금의 현상금을 걸다

예안의진이 해산되자 이중린은 청량산으로 들어가 흩어진 의병을 수습하여 재기하였다. 1896년 1월 4일(양 2. 16) 이중린이 대장직에 올랐다. 이만도에 이어 예안의진의 2대 대장이 된 것이다. 그리고 그는 장문의 격문 〈병신창의시 고일방

<병신창의시 고일방인사문>

인사문丙申倡義時　告一方人士文〉(《운포유고》권5, 14~16쪽)을 지어 지역 인사들의 참여를 호소하였다. 격문의 내용 일부를 소개하면 다음과 같다.

요망한 간신과 간악한 도적들이 때때로 멋대로 맺은 무리를 굳게 만드니 시운時運이 불행합니다. 임금의 원수와 나라의 도적들을 사람마다 벨 수 있는 것은 춘추대의입니다. 그래서 충의의 분한 마음에 생긴 격절激切함을 참으면서 감히

의로운 소리에 함께 외치기를 바라는 바입니다. 엎드려 생
각건대 우리나라는 기자箕子가 다스린 뒤로부터 능히 떳떳
한 도리의 법칙을 밝혔는데, 이것이 우리 역대 임금께서 후
세에 남긴 공적에도 미치게 되어 오로지 문교文敎 펴는 것을
숭상하였습니다. 그 정사政事는 왕도를 높이면서 패자覇者의
공을 물리치고, 그 풍속은 임금을 충성으로 섬기면서 어버
이를 효도로 받들게 하였습니다. (……)

또 이중린은 친위대대장親衛大隊長에게 편지를 보내 김석
중의 죄상을 지적하였는데, 그 내용은 다음과 같다.

석중은 적의 매와 주구走狗가 되어 종사의 중함과 국가의
은의를 저버리고 오직 흉적의 모략과 영합하는 것으로 계책
을 삼았으며, 돌아다니며 체포할 부랑배를 뽑아서 함부로
촌락에 들어가 억지로 삭발을 시키며, 인가의 재물을 협박
하여 빼앗고, 인가의 부녀자에게 강포하게 행동하며, 선현
들이 배향된 사당의 문을 부수고, 아주 늙은 늙은이와 당상
관의 벼슬아치에게도 주리를 트는 형벌을 가하고 있습니다.
〈여친위대대장〉, 《운포유고》 권2, 17쪽.

여기서 이중린은 친위대대장에게 관찰사 김석중의 죄상을 고발하였다. 김석중은 친일 관찰사로서 흉적과 영합하여 단발을 강제하고, 민간인의 재물을 탈취하는 등, 함부로 악행을 일삼는 포악한 관리라는 것이었다.

그리고 그는 도망친 김석중을 잡아들이기 위해 현상금을 건 전령傳令을 각지에 내렸다. 이긍연의 《을미의병일기》(1월 12일)에는 "밤중에 선성대장의 전령이 차례로 도착하였는데, 영이 매우 엄격했다. 그 내용은 '김석중의 머리를 베어 오는 자는 천금千金을 내리고, 주사나 순검의 머리를 베어 오는 자는 한 사람당 백금百金을 내린다.'는 것이었다."고 하였다.

이처럼 이중린은 부대의 규율을 엄격히 하면서, 관찰사를 비롯한 주사와 순검 등의 친일 관리들을 처단하려 하였다. 그리하여 서울을 향해 달아나던 김석중은 이중린이 현상금을 내건 지 하루 만인 1월 13일(양 2. 25) 문경에서 이강년에

친위대장에게 보낸 편지

게 체포되어 농암장터에서 처형되었다.

5) 포정 50명으로 예천회맹에 참가하다

한편, 예안의진은 연합의진의 결성을 위한 예천회맹에 참가하기 위해 김석교를 중군장으로 하는 군사 50명을 풍산으로 보냈다. 이긍연은 《을미의병일기》(2월 7일)에서 "정오에 선성의 중군이 포군 50명을 거느리고 우리 마을을 지나갔다. 전하는 바로는 안동의 중군이 포정 2백 명을 거느리고 호서·풍기·순흥·영주·봉화·선성 등 7개 고을의 모든 병사들과 풍산에서 도회를 연 뒤 예천으로 출발하였다고 한다."고 하였다.

여기서 예안의 중군이 거느린 포군 50명의 부대는 금석주의 《일기日記》에 나오는 '청량의영'으로 보이는데, 그 편제는 다음과 같다.

청량의영임안淸凉義營任案

중군 : 김석교

자제군관 : 김제방金濟邦

참모 : 이계락李啓洛 · 김보규金普圭

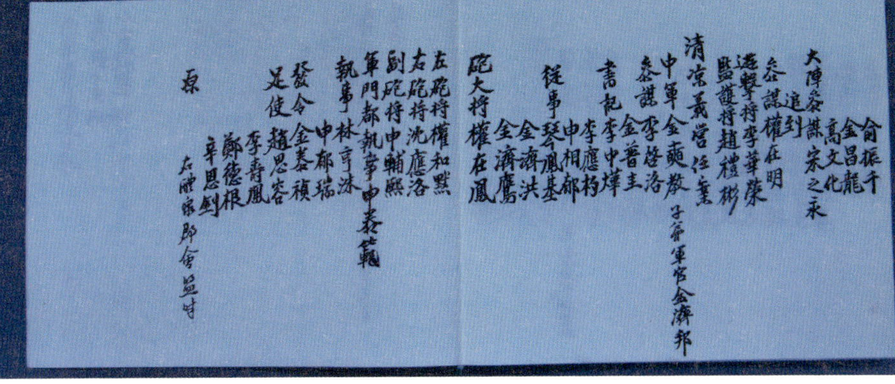

〈청량의영임안〉 (청량산박물관 제공)

서기 : 이중엽李中燁 · 이응표李應杓 · 신상욱申相郁

종사 : 금봉기琴鳳基 · 김제홍金濟洪 · 김제응金濟鷹

포대장 : 권재봉權在鳳

좌포장 : 권화묵權和默

우포장 : 심응락沈應洛

부포장 : 신보희申輔熙

군문도집사 : 신태범申泰範

집사 : 임형수林亨洙 · 신욱서申郁瑞

발령 : 김태정金泰禎

족사 : 조사용趙思容 · 이수봉李壽鳳 · 정덕근鄭德根 · 신은

검申恩劍

김석교를 중군으로 하는 청량의영은 이중린의 본대에 비해 지대였을 것이다. 김석교는 본관이 광산光山이고, 와룡면 오천 사람이다. 그는 이중린이 1월 4일(양 2. 16) 제2차 예안의진을 결성할 때 중군에 임명되었다. 김석교는 2월 10일(양 3. 23) 백마의 피로 맹세하는 예천회맹 의식에 참가하였다. 회맹의식이란 여러 의병부대가 연맹을 맺는 의식을 말한다. 이 자리에서 연합의진은 다섯 가지 맹약문을 선택하였는데, 그것은 '역적의 무리가 되지 말 것, 중화 제도를 바꾸지 말 것, 죽고 사는 것으로 마음을 바꾸지 말 것, 사적으로 행동하지 말 것, 적을 보면 진격할 것' 등이다.

김석교는 예천회맹을 맺던 2월 10일까지는 예안의진의 중군이었다. 그런데 회맹의식 후 중군직을 사퇴하고 서상렬의 호좌의진으로 옮겨갔다. 이에 본진에서는 곧 영양의 김도현을 영입하여 중군장으로 삼고, 선봉장 이인화·전방장 이중언李中彦 등과 함께 의병 본대 300여 명을 이끌고 예천 산양으로 떠나게 하였다. 예안의진의 본대는 서촌과 풍산 수동, 그리고 예천 오천장터를 거쳐, 2월 15일(양 3. 28) 산양에 도착하였다.

6) 진성이씨 문중의 인사들이 함창 태봉전투의 선봉에 서다

중군장으로 영입된 김도현은 본관은 김녕이며, 영양 청기 출신으로 일찍이 청량산에서 의병을 일으켰던 인물이다. 김도현이 중군장에 오르면서 의진은 진영을 재편성하였다. 당시 지휘부의 조직은 김도현의 〈창의전말〉과 이긍연의《을미의병일기》에 다음과 같이 나타난다.

대　　장 : 이중린

중 군 장 : 김도현

군문도총 : 이중목李中穆

진 무 장 : 이중언李中彦

선 봉 장 : 이인화

전 방 장 : 이중언

참　　모 : 이빈호李彬鎬 · 이중엽李中燁

종　　사 : 이장규李章奎

서　　기 : 이선구李善求

소　　모 : 신공필申公弼

예안의진이 이렇게 진용을 개편한 데에는 영양에서 일어난

이인화가 이끄는 3차 예안의진의 도소가 차려졌던 삼백당. 이 때문에 소실되었다가 2011년 복원

김도현을 중군으로 맞아들임으로써 전투력을 향상시키고, 진성이씨 문중 인사들로 진용을 보완함으로써 의진 내부의 결집력을 높이고자 하는 이유가 있었던 것 같다. 특히 중군 김석교가 이끌던 청량의영에 비하여, 중군장 김녕김씨 김도현과 소모 평산신씨 신공필을 제외하면 구성원들 모두가 진성이씨 인사들이다. 이중린은 용계 출신이며, 이인화는 온혜마을 삼백당 출신이고, 이장규는 온혜종파 출신이다. 그리고 이중엽은 상계, 이중언의 조카 이빈호는 하계, 이선구는 도

_ 이중언

산면 교동 출신이다.

이중린은 문중의 젊은 인재들이 주축을 이루는 의진을 이끌고 일본군 공격에 주도적으로 나섰다. 예안·안동·풍기·영주·순흥·봉화 등 7읍 연합의진이 현재의 상주시 함창읍 태봉에 자리하던 일본군 병참경비대를 공격하는 태봉전투에서 예안의진이 선봉을 맡았다.

2월 15일 7읍 연합의진이 전투 대기선인 산양에 도착하였다. 그런데 바로 그날 밤 서상렬의 호좌의진이 일본군과 전투를 하였으나 패하였다. 다음날인 2월 16일(양 3. 29) 연합의진은 새벽부터 태봉 공격에 나섰다. 예안의진이 선봉에 섰고, 안동의진은 좌측 산 위에서 천보총으로 사격하였으며, 풍기·영주·순흥 등의 의진이 뒤를 따랐다. 전투에서 치열한 공방전을 벌였으나 격전 9시간 만에 연합의진은 끝내 흩어지고 말았다.

_ 예안의진 이동로

    일본군은 연합의진의 규모가 7,000여 명이었다고 하였다. 반면 일본군은 수십 명에 불과하였다. 연합의진은 아침부터 저녁 무렵까지 치열한 공방전을 펼쳤으나 일본군의 월등한 화력에 밀려 결국 물러나고 말았다. 일본군은 수비대와 응원군 2개 분대가 증파된 가운데 의병 7,000여 명과 치른 이 전투에서, 의병 전사자가 30명에 이르렀다고 보고하였다.

    일본군이 연합의진의 병사를 7,000명이라 한 것은 물론 과장이다. 7읍 연합의진의 병사 수는 많아야 1,000명을 넘지 않았을 것으로 추산되기 때문이다. 연합의진은 대체로 예천 방면으로 후퇴하였다가 출신지에 따라 흩어졌다. 이 태봉전투가 비록 성공을 하지는 못했지만, 경상도 지역의 의병투쟁에서 가장 규모가 컸던 전투였을 뿐 아니라, 각지의 의병진들이 연합하여 일본군을 몰아내려 했던 그 의기義氣만은 높이 평가해도 좋을 것이다.

당시 태봉전투에서 패한 뒤 후퇴하는 예안의진의 모습을 이긍연은《을미의병일기》에서 이렇게 적고 있다.

2월 17일(양 3. 30) 선성 후진後陣은 포정 16인과 말을 탄 사람이 4인이었는데, 3인은 우리 문중 사람이었다. 백리사栢里寺에서 잔 뒤 이미 상주로 출발했다. 정오가 못되어서 포정들이 줄을 지어 길로 행진하고 있어 그 광경을 보면서 매우 이상하게 여겼다. 그 앞쪽으로 나가 물어보니 이들은 모두 선성(예안) 병력이었다. 여러 고을들과 함께 왜놈들을 무찌르고자 나섰다가 결국 승리하지 못하고 모두 크게 패하여 돌아오는 길이라 했다. 그래서 살펴보니 포정 한 사람이 수레에 실려 가고 있었는데, 이 사람은 총에 맞아서 탄환이 가슴을 관통해 그 구멍이 둥글게 파져 있었다. 비록 숨은 붙어 있었지만 곧 죽고 말 것이었다. 또 한 사람은 말을 타고 지나가고 있었는데, 이 사람은 총에 눈 하나를 잃고 오른쪽 뺨이 터져서 비록 죽지는 않았지만 죽은 것만 못한 모습이었다. 이러한 모습을 바라보니 차마 눈뜨고 볼 수 없었다.

이것은 예안의진이 태봉전투에서 크게 패하고 돌아가는 모습이다. 특히 부상당한 병사 두 사람 가운데 한 사람은 목숨이 경각에 달렸고, 또 한 사람은 살아도 죽은 것보다 못한 지경으로 몸이 상했던 것이다. 태봉전투가 얼마나 치열했는지를 알게 하는 장면이다.

김도현도 태봉전투 이후 산양사에 이르렀을 때 남은 병사는 3·4명에 지나지 않았다. 그는 용궁으로 갔다가 경진교·학가산 가거리·서촌·역계 등지를 거쳐 2월 18일 예안에 도착하였다. 바로 그날 안동의진에서 구원을 요청해 왔다. 김도현은 다시 군사 50명을 이끌고 안동으로 진군하였다. 안동에 도착했을 때는 이미 안동부가 일본군의 방화로 불타고 있었다. 일본군이 안동부를 '의병의 소굴'이라 하여 시가와 민가에 불을 질렀던 것이다. 마침 바람을 타고 불길이 안기동에서 법흥동 골짜기까지 덮쳐 안동 도심의 1,000여 호가 불타버렸다. 김도현은 2월 20(양 4. 2) 예안으로 돌아왔다가 이틀 뒤인 2월 22일 중군장직을 사퇴하고 고향인 영양으로 돌아갔다.

7) 경상북도 관찰사의 천거로 통덕랑 품계를 받다

태봉전투 이후 예안의진은 예안을 중심으로 활동하였다. 1896년 4월 17일(양 5. 29) 일본군이 예안을 침범하자 의진은 청량산으로 들어가 전열을 갖추었다. 이에 일본군은 4월 19일 밤 도산면 토계리의 퇴계 종택에 불을 질렀고, 문서와 서책 1,400여 권을 모두 불태웠다. 청량산의 청량사와 오산당吾山堂이 불에 탄 것도 이때였다. 오산당은 퇴계 이황의 유적이며, 예안의진이 한 때 머물렀던 곳이다. 일본군의 만행이 있은 열흘 뒤인 4월 29일 예안의진은 해산되고 말았다. 이긍연이《을미의병일기》에서 "선성의 장수가 어디에 있는지 알 수 없다."고 하였듯이 대장 이중린의 거취도 알 수가 없었다.

당시 소모장 신공필이 7월에 "용계로 가서 대장을 만나보겠다."고 말한 것으로 보아, 고향 용계에 머물고 있었던 것 같다. 그리고 예안의진의 구심점은 이제 온혜 삼백당三栢堂 출신 선봉장 이인화에게 넘어가 있었던 것 같다. 삼백당은 퇴계의 친형 온계溫溪 이해李瀣(1496~1550)의 종택이다.

5월 13일(양 6. 23) 이후부터 7월 24일 무렵까지 선봉장 이

_ 오산당(위, 청량산박물관 제공)과 퇴계종택(아래)

이중린 사적비

인화와 소모장 신공필을 중심으로 한 예안의진은 김도현과 함께 영양·안동·울진·평해·청송 등지로 나아가 활동하였다. 그러던 중 7월에 선봉장 이인화가 예안의진의 대장에 올랐다. 그가 3대 대장이 된 것이다. 이인화는 7월 28일(양 9. 5) 부포 서재에 있는 김도현에게 사람을 보내 앞날을 논의하자고 청하였다. 김도현이 예안으로 찾아오자 두 사람은 그날 밤새 논의했다. 당시 의병소는 이인화의 집인 온혜 삼백당이었으며, 군사 훈련은 청량산에서 하기로 했다.

그러나 이인화가 이끄는 3차 예안의진의 결성 소식이 알려지자 그날 바로 관군의 기습 공격이 있었다. 7월 29일(양 9. 6) 관군 40여 명이 예안으로 들어와 삼백당을 불태웠다. 삼백당이 예안의진의 대장소로 사용된 데 대한 보복이었다. 그러자 도산 온혜 출신 노송정파老松亭派 종가의 주손인 이찬화李燦和가 다시 의병을 결집시키고 나섰다. 4차 예안의진인 셈이다. 이찬화는 8월 1일(양 9. 7) 의진을 수습하고 안동 수비대의 뒤를 추격하였으나 일본군은 모두 도망쳤다. 4차 예안의진도 8월 14일(양 9. 20) 향회를 끝으로 해산하였던 것 같다.

이중린은 퇴계 종택과 서책이 불타는 일본군의 만행이 있은 직후인 1896년 4월 29일 의진을 해산하고 물러나 은신하였다. 그 뒤 1902년에는 경상북도 관찰사 조기하趙夔夏가 영남 지역의 문학·효행·경세 등을 겸비한 선비들을 조정에 천거할 때, 이중린도 천거되어 통덕랑의 품계를 받았다. 1910년 경술국치를 당하자 그는 일제가 주는 은사금을 거부하고 소백산 기슭 천부산天浮山과 속리산 일대의 회인懷仁 등지에서 은거 생활을 하다가 1917년 1월 20일 향년 80세를 일기로 세상을 떠났다.

5

시대적 요구를 행동으로 실천한 대장부 성남 류시연

"대장부가 세상에 난 것은 우연한 일이 아닌데, 바야흐로 집안과 나라가 위태롭고 망하게 된 시기에 있어서 어찌 책장만 뒤적이고 글 이야기만 하는 것에 국한하겠느냐. 오늘날의 급선무는 시대에 순응하여 현실로 나아가는 데 있는 것이다." 류규원柳奎元의 〈류의사전柳義士傳〉에서

1) 가학이 융성한 가문에서 태어나다

안동 지역 출신 의병장으로서 전기 의병에서 후기 의병까지 가장 오랫동안 의병항쟁을 펼쳤던 이가 성남星南 류시연(1872~1914)이다. 그는 전주류씨 수곡파로, 1872년 안동군 임동면 수곡에서 류정호와 함안조씨 사이에서 태어났다. 류시연의 자는 박여璞汝 또는 응만應萬이며, 호는 성남이다. 그는 의병활동을 하는 동안 류시영柳時榮 · 류시종柳時宗 · 류시

_ 임하댐 건설로 무실마을이 물에 잠기기 전 임동면 중평동 모습

연柳時然 · 류시영柳時永 · 차영창車永昌 등으로도 불리었으나, 호적상으로는 류승일柳承一이다.

전주류씨 시조 류습柳濕은 고려 말에 완산군에 봉해졌고, 4세손 회헌檜軒 류의손柳義孫은 세종 때 이조 및 예조참판을 지냈으며, 7세손 류윤선柳潤善은 통례원 인의引義를 지냈다. 수곡의 입향조는 8세손 류성柳城(1533~1560)이다. 류성은 영천榮川, 지금의 안동시 녹전면 원천동에 살았는데, 천전 의성김씨 청계靑溪 김진金璡의 딸과 혼인함으로써 처가 동네인 내앞과 가까운 임동면 수곡으로 이사해 살게 되었다. 이후 전주류씨는 임동면의 수곡(무실)·대평(한들)·박곡(박실)·고천(고래골)·갈전(갈밭) 등지에서 문중을 이루면서 안동 지역의 대표적인 문중으로 발전하였다.

전주류씨가 안동 지역의 명문가로 자리 잡을 수 있었던 것은 가학이 있었기 때문이다. 가학의 형성은 4세손 류의손에서 시작되었고, 수곡 입향조 8세손 류성을 거쳐, 9세손 류복기柳復起·류복립柳復立에 이르러 본격화되었다. 복기·복립 형제는 부친 류성이 28세에 세상을 뜨자 외조부 김진의 손에서 자랐으며, 외숙부 학봉 김성일의 가르침을 받았다.

특히 임진왜란 때 의병으로 활동하였던 류시연의 11대조 기봉岐峯 류복기(1555~1617)는 1615년에 자손들의 휴식과 강학의 장소로 활용하기 위해 기양서당岐陽書堂을 세웠다. 이것은 그가 성장하면서 외가의 번영이 서당에 있었음을 잘 보아왔기 때문이었다. 즉 자손의 번창과 학문 성취를 바라는 마음으로 이 서당을 세운 것이다. 또 그의 장남 도헌陶軒 류우잠柳友潛은 수곡 일대 전주류씨의 결속과 단합을 강조하였다. 이에 따라 지금까지 면면히 이어오던 가학의 정립과 함께, 수곡 일대에 전주류씨라는 하나의 문중이 형성

정재종택

되어 갔다. 류시연의 5대조인 진사 동암東巖 류장원柳長源 (1724~1796)은 1769년 대산 이상정의 문하에 들어가 학문을 하였고, 1787년에는 동암정東巖亭을 지어 저술과 제자 양성 에 힘을 쏟았다.

정재 류치명(1777~1861)은 가학을 한층 더 발전시키면서 퇴계 학맥을 계승하였다. 또 19세기 중반 이후 영남을 대표 하는 독자적인 학파를 형성하여 한말 위정척사운동과 의병 항쟁의 사상적 토대를 마련하였다. 그는 부친 류회문柳晦文 과 한산이씨 사이에서 태어나 13세부터 20세까지 동암정에서 류장원에게 직접 가르침을 받았으며, 그 이후부터 33세까지는 손재 남한조 문하에서 학문을 닦았다. 즉 류장원과 남한조를 통하여 가학과 퇴계의 학문을 이어받은 것이다.

정재학파가 형성되기 시작한 것은 1827년 21명의 전주류씨로 구성된 《대평약안大坪約案》이 만들어지면서부터였다. 그 뒤 1846년 고산서당 강회와 1855년 지도 유배를 계기로 영남의 여러 지역 유림들이 문하에 들어왔으며, 1857년에는 《만우정약안晚愚亭約案》을 통해 더욱 많은 유림들이 들어와 학파의 세력이 커지게 되었다. 19세기 후반 전개된 위정척사운동에 류치명의 문하들이 많이 참여하였음은 물론, 권세연·김흥락·김도화 등은 안동의진의 결성을 주도하였다. 여기에 류치명의 아들 류지호와 손자 류연박 등 전주류씨 수곡파 출신 인사들도 결성 과정에 다수 참여하였다.

이와 같이 류시연 가문은 10대조 류성이 수곡에 터를 잡은 뒤, 경학과 예학을 숭상하며 기양서당·침간정枕澗亭·동암정·대야정大埜亭·만우정晚愚亭 등을 통해 문중을 형성하며 안동 지역의 명문가로 발전하였다.

이처럼 가학이 융성한 가문에서 태어난 류시연은 어렸을 때 마을의 대평학숙大坪學塾에서 삼종형 류연각柳淵覺의 문하에서 공부하였는데, 병서를 즐겨 읽었다고 한다. 또한 어려서부터 용맹하고 날래기가 뛰어나서 돌을 던져 나는 새를 떨어뜨리고 막대기로 달리는 짐승을 잡았으며, 혹 어려운 일이 발생하여도 한칼로 쪼개듯이 용감하고 과감하게 결단하는 지혜와 담략이 있었다고 한다.

그 후 성장하면서 외세의 침략으로 나라가 위태로워지자 그는 "대장부가 세상에 난 것은 우연한 일이 아닌데, 바야흐로 집안과 나라가 위태롭고 망하게 된 시기에 있어서 어찌 책장만 뒤적이고 글 이야기만 하는 것에 국한하겠느냐. 오늘날의 급선무는 시대에 순응하여 현실로 나아가는 데 있는 것이다."하고 학문보다도 활·창·화약·무기 등의 제조에 관심을 가졌다고 한다.

류시연이 청년으로 성장하는 동안 개화 정책과 외세 침략에 반대하는 안동 지역 유림들의 위정척사운동이나 영남만인소운동이 전개되었고, 1894년 '갑오변란'에 따른 서상철의 안동의병이 일어나기도 하였다. 이만손李晚孫을 소두疏頭로 하는 영남만인소운동에는 류치명의 문인들이 많이 참여하고 있었다. 이러한 분위기와 환경이 류시연을 의병항쟁에 나서도록 했던 것 같다.

청일전쟁 때 일본군(《사진으로 보는 독립운동》)

2) 역적 대신들과 일제 침략 세력을 격렬하게 성토하다

류시연이 가졌던 시대 상황에 대한 인식은 류규원의 〈류의사전〉에서 어느 정도 찾아 볼 수 있다. 그 내용의 일부를 소개하면 아래와 같다.

외국 도둑놈도 물리치지 않을 수 없고 역적 노릇하는 신하들도 성토하지 않을 수 없으니, 지금 나라꼴이 이 모양이

된 것이 어찌 까닭이 없겠느냐. 소위 세족世族이라 하는 자는 벌열閥閱을 빙자하여 영리만 취하기 때문에 백성들이 못 살게 되었으며, 소위 사림이란 자들은 한갓 허위만 숭상하여 백성들의 기운을 망쳐 놓았다. 민족과 나라가 모두 넘어가는 지경에서도 조금도 마음 아파하지 않아, 마치 옛날 진秦나라가 망하는 것을 보듯이 하고 있다. 그러니 이제 이 무리들을 통절히 경계하지 않는다면 우리들의 일은 이루어지지 못할 것이다. 명분이 각박해지자 민권이 박탈당하고, 빈부가 현저해지자 민생이 병들게 되었다. 이것을 뼈저리게 개혁하지 않는다면 나라가 어떻게 나라 노릇을 할 것이며, 민족이 어떻게 민족 노릇을 하겠느냐.

류시연은 나라를 망하게 하는 것은 외세 침략 세력과 역적 대신들 때문이며, 나라와 백성이 모두 망해가는 데에서도 세족이나 사림들은 허위만을 숭상하고 있으므로, 이를 개혁하지 않으면 나라도 민족도 결국 온전하지 못할 것임을 경고하였다.

또 그는 일제 침략의 죄상에 대해서도 다음과 같이 격렬하게 성토하였다.

너희 나라가 을사년 이후로 우리나라의 독립을 저지시키
고, 우리나라 충신을 살해하고, 우리나라 민족을 노예로 만
들어 가지고, 마지막에는 우리나라 종묘와 사직까지 빈 터
전만 남게 하고, 우리나라 임금을 구금해 버리고, 우리나라
백성들의 고혈을 짜내고 있으니, 이것은 만국공법에서도 용
서할 수 없는 일인데, 하물며 우리나라 신하와 백성들로서
억울하고 원통한 마음에 불공대천의 원수로 여기는 것이 잘
못이란 말이냐?

류시연은 1905년 을사조약 이래로 우리나라가 실질적으
로 일제의 지배를 당함으로써 임금과 나라와 충신이 없게 되
고, 백성들이 노예가 되어 고혈을 착취당하고 있음을 통탄
하였다. 그는 나라의 운명이 경각에 달렸음을 직시하고, 이
를 극복하기 위해 의병의 길을 택했던 것이다.

3) 안동의진 소모장으로 참가하여 모병에 나서다

1894년 서상철의 안동의병으로부터 시작된 한말 의병
은 을미사변과 단발령을 계기로 전국적으로 확산되어 갔
다. 안동에서도 1895년 11월 27일 단발령에 대한 공문서
가 도착하자 류치명의 문인들을 중심으로 창의를 모색하

기 시작하였다. 그 결과 12월 7일 권세연을 대장으로 하는 안동의진 지휘부가 편성되었다. 안동의진은 안동부를 장악하였으나, 관찰사 김석중이 대구 관군을 끌고 와 공격함으로써 12월 16일 안동부를 내어주고 말았다. 안동부를 장악한 관군은 주민들에게 강제로 단발을 시켰다. 이때 류치명의 아들 류지호도 관군에게 잡혀가 형벌과 곤욕을 당하였다.

류시연이 의병에 나서게 된 직접적인 계기는 집안 어른인 류지호가 관군에게 단발의 고초를 당하는 것을 보았기 때

문이었다. 그는 1896년 1
월 1일 영양의 김도현을 방
문하여 청량산에서 의병을
일으킬 것을 제의하였다.
이러한 제의를 받은 김도
현은 만 4일 뒤인 1월 5일
청량산에서 의진을 일으키
고 행군을 시작했다.

류시연은 안동의진에 소
모장으로 참가한 뒤 안동
주변 지역을 다니면서 군
사와 군기 확보에 힘을 쏟

亦眩黨也隨後逃去
二十三日校任鄭時懋八府之鄕會輪告
二十五日本邑公兄聞安東召募將柳時淵行聲送夫
馬吏校來邀徐孝信先是徐孝信往禮安陣義興山
靑松召募將故也晡時柳牽砲丁三十八府稱謂募兵
丙來
二十六日柳召募蕓地惹饗勒取兵器之意直入武
庫徐召募牢執不許柳惡其相抗遂脅之以軍威窘

《적원일기》

았다. 1월 25일에는 의병 30명을 거느리고 청송군에 들어가
창의를 독려하였다. 그 상황을 심성지의 일기와 조성길趙性
吉의 창의기에서는 다음과 같이 기록하고 있다.

1월 25일(양 3. 8) 본읍의 공형公兄들이 안동소모장 류시
연이 온다는 소식을 듣고 마부와 아전을 파송派送하여 서효
신徐孝信을 데려왔다. 이에 앞서 서효신이 예안의진에 가서
청송소모장에 차출되었기 때문이다. 포시晡時에 류시연이

포정 30명을 거느리고 부청에 들어와 "모병하러 왔다."고
하였다. 심성지,《적원일기》.

　　안동의진 류시연이 포졸 20명을 거느리고 본군에 들어와
향청에 좌정하고 나를 불러 말하기를 "인군은 의진을 일으
킨 지 이미 오래되었는데, 이 군은 강 건너 불 보듯이 하고
있으니 무슨 다른 마음이 있어서 그러한 게 아닌가. 이 군의
군기는 가져가는 것이 마땅하다."하고 군기를 거두어 가려
하였다. 조성길,《병신년창의기丙申年倡義記》.

　　안동의진 소모장 류시연은 포정 수십 명을 이끌고 청송군
에 들어가 관아의 군기를 강제로 가져가려 함으로써 그 지역
인사들의 불만과 원성을 샀다. 이것은 그가 군기 확보를 위
한 활동 과정에서 빚어진 갈등 관계였다. 청송 지역에서도
이를 계기로 심성지를 대장으로 하는 청송의진을 결성하게
되었다.
　　류시연이 인근 지역을 돌며 모병과 군기 확보에 노력하고
있을 때, 1월 29일 권세연이 안동의진 대장직을 사퇴하였
다. 권세연은 "본래 자격을 갖춘 사람이 아니어서 지난해에
패배한 일은 다시 말할 필요조차 없지만, 지금은 군무가 그

모양을 갖추었다고 할 수 있다. 그렇기에 이 일을 맞아서 스스로 물러나는 것이 공사 간에 있어서 온당할 것이다.”라고 사퇴 이유를 밝혔다. 권세연은 1895년 12월 16일 관찰사 김석중이 끌고 온 관군과의 전투에서 패한 일을 자책하면서, 앞으로 있을 인근 지역 의진과의 연합의진 형성에 보다 능력 있는 사람이 대장직을 맡는 것이 옳다는 판단에서 사퇴하였던 것 같다.

4) 안동의진의 선봉장에 오르다

안동의진 창의대장 권세연이 사퇴하자 1896년 1월 29일 (양 3. 12) 척암 김도화가 2대 대장에 추대되었다. 김도화는 대장에 오르자, 2월 1일 지휘부를 개편하였다. 도총에 류난영, 중군장에 권재호, 부장에 김하림, 소모장에 이충언·류창식, 아장에 최세윤, 지휘장에 김흥락·류도성 등을 임명하였다. 이때 류시연은 선봉장에 임명되었다. 류시연은 재기하는 안동의진을 새롭게 이끌어 나갈 지휘부의 선봉장에 올랐던 것이다.

김도화를 중심으로 체제를 정비한 안동의진은 인근 지역의 의진과 연합하여 상주 태봉의 일본군 병참대를 공격하기로 하였다. 2월 7일 중군 권재호가 이끄는 안동의진의 병사

_ 산양장터

250명이 풍산에 집결하여 예천으로 이동하였다. 2월 10일 예천에서 안동·예안·봉화·영주·풍기·순흥·호좌의진의 7개 연합의진을 결성한 뒤, 2월 16일(양 3. 29) 함창 태봉에 주둔하고 있던 일본군 수비부대를 공격하였다.

아침부터 저녁까지 벌어진 이 태봉전투에서 연합의병진의 기세는 컸으나 화력의 열세와 훈련 부족 때문에 너무 허무하게 무너져 버리고 말았다. 안동의진이 안동을 떠날 때는 250명의 규모였으나, 돌아올 때는 10여 명에 불과하였다. 흩어지는 의병을 추격한 일본군은 2월 20일(양 4. 2) 안동부

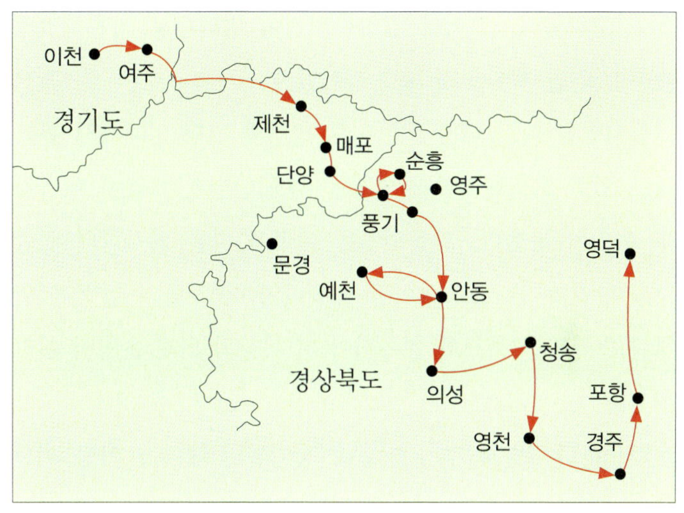

_ 김하락의 이동로

에까지 들어와 도심의 민가 1,000여 호를 불태우는 만행을
저질렀다. 태봉전투에 류시연이 참가했는지는 분명하지 않
다. 그러나 그가 당시 안동의진의 선봉장직에 계속 있었던
것은 분명하다.

안동의진은 태봉전투 패전과 안동부 방화로 인적·물적
측면에서 상당한 어려움을 겪고 있었다. 이에 대장 김도화
는 의진을 새롭게 재편하면서 주변지역 의진들과 연합을 통
해 이를 극복하려고 애썼다. 이때 선봉장 류시연이 남한산
성에서 관군의 공격을 피해 이동하던 김하락의진과의 연합

을 시도하였다. 그러나 김하락의진이 영덕으로 이동하였기 때문에 연합 계획은 수포로 돌아갔다.

류시연은 다시 태봉전투 이후 영양과 영덕 일대에서 활동하고 있던 김도현의진과 연합을 시도하였다. 그러나 이마저도 여의치 못했다. 안동의진은 이렇게 다른 의진과의 연합 구상이 모두 수포로 돌아간 데에다가, 군자금의 압박과 일본군의 끈질긴 추격이 계속되어 더 이상의 의진 운영이 어려워졌다.

더군다나 8월 이후가 되면서 장마철인 데다가 의병 해산을 촉구하는 고종의 조칙 〈칙영남의진〉이 내려지자, 1896년 8월 19일(양 9. 25) 김도화는 관군에 자수하고 물러났다. 이로써 안동의진도 해산되었다. 류시연도 8월 25일(양 10. 1) 모든 군기를 자진 반납하고 고향으로 돌아갔다. 이로써 안동의진은 완전 종결되었다. 류시연은 고향에서 친족은 물론 지역 인사들과 교류하며 재기를 준비하였다.

5) 경주 열읍 의병 대표자 회의에서 영남의병지휘장에 추대되다

류시연의 안동의진 해산 이후의 행적은 자세하지 않다. 1905년 〈을사늑약〉을 계기로 전국적으로 의병이 일어나자,

류시연은 다시 영남 각 지방을 돌면서 의병을 모집하였다. 그러던 가운데 1906년 봄 경주에서 열린 열읍 의병 대표자 모임에 참가하여 영남의병대장으로 추대되었다. 당시의 상황을 류규원은 〈류의사전〉에서 이렇게 전해 주고 있다.

> 의사가 비로소 소모장이 되어 수백 명의 군졸을 모집하여 한 도내에 교섭하자, 각 고을에서 모두 소리처럼 응하고 벌 떼처럼 일어나서 제각기 의병의 깃발을 세우고, 1906년 봄에 어느 절에 모여 총회를 열었는데, 각 고을 대표만도 100여 명이나 되었다. 이때 여럿이 말하기를 "우리 영남嶺南에 전체로 통솔할 책임자가 있은 연후에 부대部隊를 짜고 기율을 세우고 상벌을 밝게 해야만 일을 해 나갈 수 있게 될 것이다."라고 하자, 여러 대표들이 의사(류시연)를 추대하고 영남의병대장으로 삼았다.

영남 각지 의병 대표 100여 명이 모인 경주 총회에서 영남 지역 의병 전체를 통솔할 책임자로서 류시연을 지목하여 '영남의병대장'으로 추대하였다는 것이다. 이러한 사정은 류시연의 벗인 조박용趙博容의 기록인 〈조박용약기趙博容略記〉에서 좀 더 구체적으로 나타난다. 그 내용은 아래와 같다.

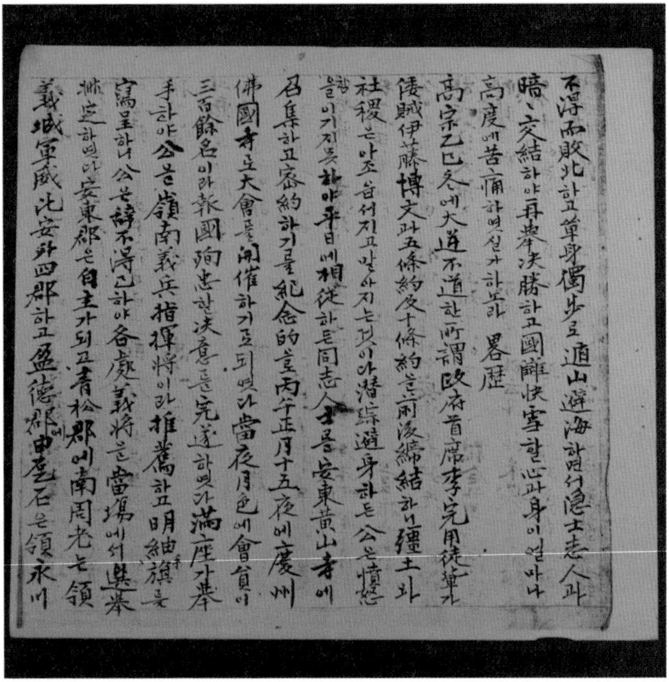
不得而敗北하고 單身獨步로 遁山避海하면서 隱士志人과
暗暗交結하야 再擧決勝하고 國讎快雪할 心과 身이 엇마나
高度에 苦痛하엿실가 하노라 畧歷
高宗乙巳冬에 大逆不道한 所謂政府首席李完用徒輩가
倭賊伊藤博文과 五條約及七條約을 前後締結하니 疆土와
社稷은 아조 업서지고 말아지는 것이라 潛蹤避身하든 公은 憤慨
을 이기지못하야 平日에 相從하든 同志人士를 安東黃山寺에
召集하고 密約하기를 紀念的으로 丙午正月十五夜에 慶州
佛國寺로 大會를 開催하기로 되엿다 當夜月色에 會員이
三百餘名이라 報國殉忠할 決意를 完遂하엿다 滿座가 擧
手하야 公을 嶺南義兵指揮將이라 推薦하고 明紬旗를
寫呈하니 公은 辭不得已하야 各處義將은 當場에서 選擧
擬定하엿다 安東郡은 自主가 되고 靑松郡에 南周老는 領
義城軍威比安과 四郡하고 盈德郡에 申乭石은 領永川

류시연의 활동을 알려주는 〈조박용약기〉

평시에 알고 지내던 사람들을 황산사黃山寺에 불러 모아 비밀리에 약속하였는데, 1906년 1월 15일(양 2. 8) 밤에 경주 불국사에서 대회를 개최하기로 하였다. 그날 밤 달빛 아래 300여 명이 모여 나라를 위해 목숨을 바칠 것을 결의하

였다. 거수로 류시연을 영남의병지휘장嶺南義兵指揮將으로
추대하고 깃발을 세우니, 류시연은 부득이 각지의 의장義將
을 선정하여 해당 지역에 배정하였다. 안동군은 류시연 자
신이 맡고, 청송의 남주로南周老는 의성·군위·비안 외 4
군을, 영덕의 신돌석은 영천·흥해·경주 외 4군을, 영양의
이현규李鉉圭는 진보·예안·예천 외 4군을, 봉화의 이춘양
李春陽은 영주·순흥·풍기 외 4군을 맡고, 그 다음에는 이
창영李昌英·한락삼韓洛三·구석규具錫圭·이강욱李康旭·류
흥길柳興吉 등이 남은 지역을 맡았다. 각자 군사를 모집하여
신속하게 적을 물리칠 것을 당부하고 2시간 만에 회의를 마
쳤다. 류시연은 20명의 군사를 거느리고 각 방면으로 나아
가면서 연락이 끊이지 않도록 지휘에 안간힘을 썼다.

조박용의 기록으로 영남 지역 의병 대표자 총회를 개최
한 시기가 1906년 1월 15일(양 2. 8)이고, 장소는 경주 불국
사였다는 것을 알 수 있다. 또 총회에 모인 지역 의병 대표
자 수가 300여 명이었고, 여기서 류시연이 '영남의병지휘장'
으로 추대되었으며, 지휘장으로서 각지 책임자를 배정하고,
류시연 자신은 군사 20명을 이끌고 나왔다는 것도 알 수 있
다. 이는 앞의 〈류의사전〉보다 내용이 훨씬 상세하다.

〈조박용약기〉가 〈류의사전〉보다 더 앞서 나온 기록이다. 〈조박용약기〉를 쓴 조박용은 류시연을 가장 잘 아는 친구이자 동지였다. 그래서 조박용의 기록은 믿을 만하다. 〈류의사전〉을 쓴 류규원은 류시연의 친척 손자뻘인데, 그는 〈류의사전〉에서 "의사의 동지들도 모조리 구금당해서 15년 동안을 복역하다가 모두 병들어 죽고, 오직 조박용·구석규만이 석방되었는데, 구석규는 호남 지방에 살고 있고, 조박용은 영국으로 나갔는데, 그는 의사와 가장 잘 아는 친구였다. 류시연의 아들 류동린柳東麟이 영국까지 (조박용을) 찾아가서 (〈조박용약기〉를) 기록해 왔으니 참으로 신필信筆이라 하겠다."고 하였다. 다만 두 자료가 모두 40년 이상 지난 뒤에 기록된 자료이기 때문에 오류도 없지는 않을 것이다.

그리고 류시연 영남의병지휘장은 영남 각 지역에 책임자를 선정하여 배정하였는데, 배정된 이들은 실제 각 지역 의진을 이끌던 의병장들이었다. 그들은 일월산을 중심으로 일정한 관계를 유지하며 활동하고 있었다. 다만 이때 류시연의 '영남의병지휘장'으로서의 역할이 언제까지 어떻게 유지되었고, 또 어느 정도 실질적이었는가 하는 것은 분명하지 않다.

안동 일본군 수비대

6) 류시연에게 '만금'의 현상금이 붙다

영남의병지휘장 류시연 자신은 안동 지역을 맡기로 하였다. 그의 활동 중심지는 안동군 임동면을 중심으로 봉화·예안·진보·영덕·영양·일월산 등 경북 동북부 지역이었다. 이 무렵 이강년이 영남 지역 의진으로 "서로 손을 잡고 일해 보자."는 격문을 보내왔다.

격문을 받은 류시연은 군사 10여 명을 거느리고 약속한 지역인 삼척 방면으로 나아가 이강년을 만났다. 그러는 사이 대구진위대 군사 200명을 거느린 정위 박두영朴斗榮이 경북 일대의 여러 의진을 공격하였다. 류시연의진도 이때 큰

타격을 입고 영덕에서 안동으로 이동하였다. 그후 류시연의 진은 1907년 2월 예안분파소 공격을 시작으로, 1908년 1월 까지 봉화·예안·안동·진보 등지에서 일본군 토벌대와 여러 차례 전투를 치렀다.

이때 류시연의진과 함께 주목되는 의병부대가 박처사의진, 곧 박인화의진이다. 박처사의진은 류시연의진의 예안분파소 공격에 참여하여 분파소 점령 및 무기를 획득하는 데 도움을 주었다. 그리고 의진의 이동경로도 류시연과 비슷하였다.

류시연이 이강년을 만나기 위해 관동으로 나가 있을 동안 박두영의 대구진위대가 경북 북부 지역 여러 의진의 근거지를 공략하였다는 소식을 듣고 급히 돌아오던 때, 삼척 십이 령 고개에서 갑자기 일본군을 만났다. 류시연은 적은 군사로 수십 명의 일본군을 격파하고 군기를 거두어 돌아왔다. 그러나 일본군의 추격이 계속되자 류시연은 깊은 산속으로 들어가 자취를 감추었다. 당시 일본군은 "류모柳某를 잡아오는 자가 있으면 만금 상을 주고 높은 벼슬을 시켜준다."는 방문榜文까지 내걸며 류시연의 체포에 열을 올렸다.

1908년 1월 이후 류시연의진은 주로 영양군 일월산 일대에서 활동하였다. 당시 류시연의진이 일월산으로 이동하였

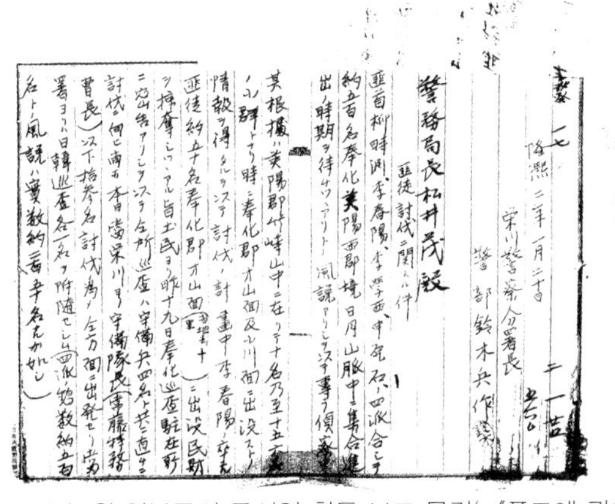

1908년 1월 일본군의 류시연 활동 보고 문건(《폭도에 관한 편책》)

던 경로는 주로 봉화 재산에서 예안, 진보 기곡, 길안 금곡, 의성 등지를 거쳐, 영양 일월산에 이르는 길이었다. 의진은 대규모보다는 소규모로 이동하면서 일본군 토벌대에게 혼란을 주었다.

7) 유격전술로 일본군 토벌대에 대응하다

일월산 항쟁은 1908년 2월 말까지 계속되었다. 당시 류시연·신돌석·김성운 등을 생포하기 위해 1908년 2월 13일 제1군사령관 야마다[山田] 소좌가 일본군 80여 명을 이끌고 영주로 왔다. 야마다 소좌는 영주·예천·함창·상주·안동

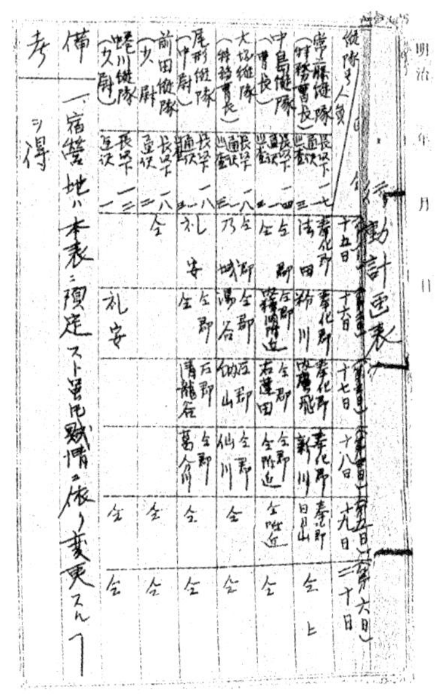

1908년 일본군의 토벌 계획 보고 문건(《폭도에 관한 편책》)

등의 각 수비대에서 토벌작전에 투입할 인원들을 차출하고, 다음날 바로 시행에 들어갔다. 토벌대는 모두 6개 종대로서 규모는 종대별로 15~20명씩이었다. 준비를 끝낸 토벌대는 북으로 봉화에서 남으로 예안까지 길게 포위망을 유지하면서 일월산으로 좁혀 들어갔다.

토벌대의 포위망이 일월산에 이르면서 영양군 일대에서는

토벌대와 의병 사이의 전투가 치열해졌다. 그 와중에서 류시연을 비롯한 신돌석·김성운 등은 토벌대의 끈질긴 추격을 피해 포위망을 벗어났다. 류시연의진은 토벌대의 포위망이 좁혀오는 것을 간파하고 15~20명으로 의진을 나누어 영양군 서남 방면으로 피하였다. 그리고 신돌석의진도 협공해 들어오는 일본군과 교전하면서 그 사이를 빠져 나갔으며, 김성운의진은 울진 방면으로 이동하였다.

이들이 토벌대의 포위망을 어렵지 않게 빠져나갈 수 있었던 것은 소규모 부대로 유격전술을 감행하였기 때문이었다. 이것은 곧 일본군의 토벌작전을 미리 예측하고 그들의 추격을 따돌림으로써 가능했던 것이다. 그렇지만 각 의진은 자신들의 본거지를 버려야만 했다.

한편, 일본군은 그들의 토벌작전이 허사로 돌아가자 2차 토벌작전을 추진하였다. 야마다 소좌는 먼저 의병들의 소재파악을 위해 변장대變裝隊와 밀정을 각지로 파견하였다. 그 결과 일본군에게 류시연이 영양에서 근거지를 옮겨 안동군 임동면 지역에서 활동하고 있다는 사실이 알려졌다.

야마다 소좌는 제1차 작전에 투입되었던 인원을 바탕으로 2월 24일부터 29일까지 6일 동안 제2차 토벌작전을 펼쳤다. 제2차 작전은 안동을 중심으로 봉화·영양 일월산·청송 남

방 등을 거쳐 안동 방향으로 포위망을 좁혀 들어가는 것이었다. 또 토벌작전은 제1차 때보다 더욱 치밀하게 추진되었다. 더욱이 변장대를 토벌지역 안에 투입하여 의병의 상황을 보고하도록 하였다.

신돌석·김성운의진이 일본군 토벌대의 2차 토벌작전을 피해 동해 방면으로 이동하였던 관계로, 토벌대의 작전은 류시연의진에게 집중되었다. 뿐만 아니라 정보 수집 수단도 교묘해졌다. 일본군은 변장대 뿐만 아니라, 각 종대에 3~4명의 밀정을 두고 정보를 수집하도록 하였다.

이에 따라 류시연의진은 피해가 클 수밖에 없었다. 1908년 2월 28일 안동군 임동면 대전大田 부근의 절에서 의병 43명이 전사하는 수난을 겪었다. 여기서 대전은 대평으로, 절은 황산사로 짐작된다. 황산사는 류시연의진이 자주 드나들던 곳이었다.

류시연은 일월산 항쟁에서 지형과 계절에 친숙한 장점을 살려 유격전술의 성과를 극대화하였다. 그 결과 일본군의 의병장 생포 및 의병 완전 토벌 목표를 수포로 돌아가게 할 수 있었다. 그러나 두 차례에 걸친 일본군의 토벌작전으로 류시연도 근거지를 잃고 많은 사상자를 내는 큰 희생을 치러야만 했다. 또 이 시기에 발표된 '귀순법'은 의진의 활동을

안창호(《도산안창호전집》)

더욱 위축시켰다. 실제 류시연의진에서도 8명의 귀순자가
발생했다.

8) 안창호의 제안으로 서행을 결심하다

류시연은 1908년 2월 임동면 수곡동 황산사에서 일본군
토벌대에게 많은 희생자를 낸 뒤로는 활동을 중단하고 자취
를 감추었다. 그러나 1908년 10월 중순 안동군 임동면 고천
에 숨어 있다는 일본군의 보고가 있었는가 하면, 1910년 2

_ 이상룡(왼쪽)과 김동삼(오른쪽)

월 "류시연은 당장 의식에 궁하여, 물론 부하 1인도 없이 한복을 두르고 두세 권의 서적을 보자기에 싸서 휴대하고 진보·영양 양군을 배회하고 있는 것 같다."는 안동경찰서장의 보고도 있었다.

그런데 당시 그의 행적은 〈조박용약기〉에서 대략 알 수 있다. 류시연은 1908년 2월 말경 활동을 중단한 이후부터 1910년 8월까지는 이강년의진에 머물다가 다시 여기서 나와 강원도의 산사山寺를 드나들기도 하고, 서울을 왕래하며 시세를 살피기도 하였다. 그러던 때 안창호安昌浩를 만났다.

안창호가 그에게 "의병을 단념하고 외지로 나서라."고 주문함으로써, 그는 만주행을 결심하였다. 1912년 10월 즈음 류시연은 만주로 가서 차병국과 표팽영을 만나, 상해에서 활동하는 한국인 지사들과 일을 도모하자고 의논을 하였다. 이때 이름을 '차영창'으로 개명했다.

그런데 류규원의 〈류의사전〉에서는 류시연이 만주로 갔던 시기가 1911년 8월이었다. 만주에서 이상룡과 김동삼을 찾아가서 군사훈련 및 무기구입에 대하여 상의하였다. 이러한 상황을 안창호에게 통지한 다음, 류시연은 상해에 있는 지도자들과 교섭하여 무기를 구입해야 하는데 이에 필요한 자금을 책임지고 국내로 돌아왔다고 하였다.

두 자료에 약간의 차이가 있다. 〈조박용약기〉에서는 류시연이 만주에 도착한 시기가 1912년 10월 즈음이다. 또 그가 만나 향후 대책을 의논한 대상은 차병국·표팽영 두 사람이다. 그러나 〈류의사전〉에서는 류시연이 만주에 도착한 시기가 1911년 8월이고, 또 향후 대책을 의논한 대상은 이상희·김동삼 두 사람이다. 여기서 이상희는 곧 석주 이상룡이다. 그런데 〈조박용약기〉에서도 류시연이 이상룡·김동삼을 만나기는 하였으나, 이 두 사람이 성격이 부드러운 문사 文士였기 때문에 차병국·표팽영과 상의를 하게 되었다고 하

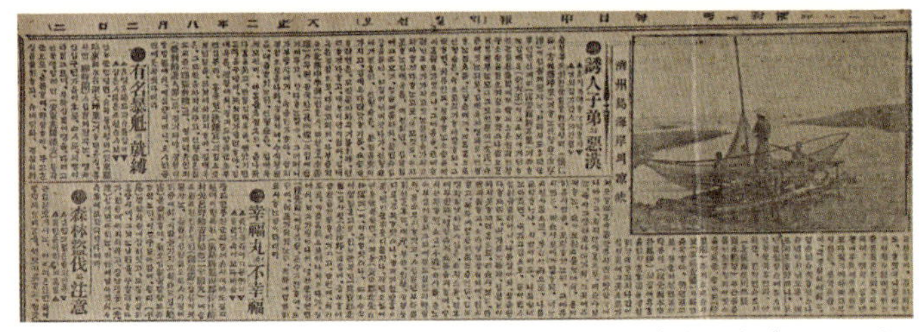

_ 류시연의 활동과 체포에 관한 내용을 담고 있는 《매일신보》 1913년 8월 3일자

였다.

류시연의 도만渡滿 시기에 대해서는, 1912년 4월(양 5월)에 이미 그가 국내에서 군자금 모금 활동을 전개하고 있었으므로 1912년 10월에 만주로 건너갔다고 기록한 것은 착각이다. 만주에서 돌아와 1913년 5월 체포될 때까지 국내에서 활동하였다고 볼 때, 류시연이 1911년 8월에 만주로 갔다고 한 〈류의사전〉의 기록이 자연스러울 것이다.

9) 재판정에서 "나는 당당한 의병대장이다. 어찌 비도 괴수라고 하느냐."고 호통치다

류시연은 만주에서 약속한 투쟁 방향과 대책에 따라 군자금과 무기 구입 자금을 확보하기 위해 국내에 몰래 들어왔다. 그리고 비밀리 각 지방을 다니며 평소 알고 지냈던 사람들을 통해 군자금을 마련하였다. 특히 그는 '차영창'이란 이름으로 조박용·구석규 등과 같이 활동하면서, 1912년 4월 25일(양 5. 30) 친척인 류연박·류동시柳東蓍 등을 찾아가 자금 지원을 부탁하였다. 그러나 이렇게 군자금 확보를 위해 활동하던 중 류시연은 1913년 5월 6일(양 6. 10) 영주 문수면 반구시장에서 밀정 천모千某의 밀고로 일본 경찰에 체포되고 말았다. 그리고 같이 활동하던 인사들도 차츰 체포되었다. 대구지방법원에서 류시연은 교형絞刑, 조박용·류명호柳命鎬·구석규·김두진金斗鎮은 각 징역 15년, 그 외는 10년형을 받았다.

류시연은 재판정에서도 당당하였는데, 그 내용은 다음과 같다.

검　사 : 성명과 생년월일과 직업은?

류시연 : 나의 직업은 의병하는 일 뿐이다. 내게 무슨 농
　　　　업인들 있으며 상업인들 있으랴.

검　사 : 너는 무엇 때문에 집안 식구들을 보호해서 안심
　　　　되는 일을 하지 않고, 여러 백성들을 선동하고
　　　　남의 재물을 빼앗으며 남의 목숨을 죽여가면서
　　　　비적의 괴수 노릇을 하는가?

_ 류시연 묘소와 묘비

류시연 : 나는 벌써부터 나라도 없는 백성인데 집안은 보
호해서 무엇을 하겠느냐? 군사를 움직이자면
자금이 있어야 하기 때문에 돈만 지키고 있으면
서 남의 노예 노릇하는 자들의 재물을 빼앗은
것인데, 이것이 어째서 의리에 해롭단 말이냐?
나라의 원수를 기어코 갚아야 할 텐데 적국 사
람을 더 많이 죽이지 못하는 것이 한이다. 그리
고 나는 당당한 의병 대장인데 너는 나를 어찌
비적匪賊의 괴수라고 하느냐?

180

검　사 : 우리는 너희 조선에 대해서 보호해 주는 공로가
　　　　있는 데도 너는 우리를 은혜로운 얼굴로 대하지
　　　　않고 도리어 원수라고 해서 이 지경에 이르는 것
　　　　은 무엇 때문이냐?

류시연 : 너희 나라가 을사년 이후로 우리나라의 독립을
　　　　저지시키고, 우리나라 충신을 살해하고, 우리나
　　　　라 민족을 노예로 만들어 가지고 마지막에는 우
　　　　리나라 종묘와 사직까지 빈 터전만 남게 하고,
　　　　우리나라 임금을 구금해버리고, 우리나라 백성
　　　　들의 고혈을 짜내고 있으니, 이것은 만국공법에
　　　　서도 용서할 수 없는 일인데, 하물며 우리나라
　　　　신하와 백성들로서 억울하고 원통한 마음에 한
　　　　하늘을 이고 살 수없는 원수로 여기는 것이 잘
　　　　못이란 말이냐?

검　사 : 더 물어 볼 필요도 없다면 이대로 사형 선고를
　　　　내리겠다.

　류시연은 1913년 11월 29일 대구복심법원에서 사형 선고
를 받았고, 1914년 1월 29일 대구감옥에서 교수형으로 순국
하였다. 이때 그의 나이는 42세였다. 묘소는 안동시 임동면

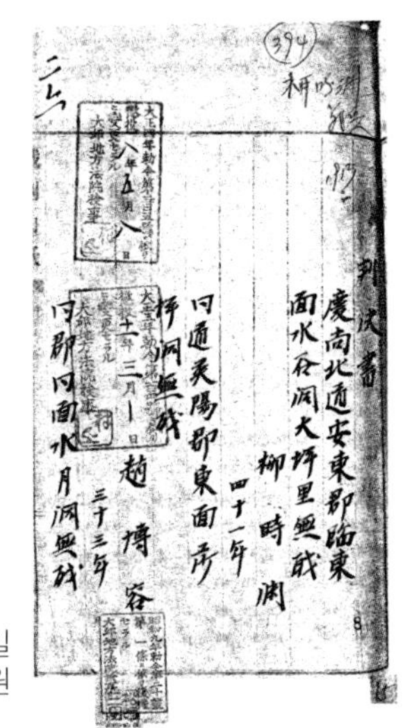

〈판결문〉 1913년 9월 15일
대구지방법원

수곡리 산 80번지에 위치한다. 묘비 앞면에는 '순국선열류공
시연지묘殉國先烈柳公時淵之墓'라고 새겨져 있다. 당시의 안동
군 임동면 무실·박실·한들·고래골·갈밭으로 불리던 이
지역 마을들은 1986년 임하댐 조성으로 물에 잠기고 주민들
은 사방으로 흩어졌으나, 수곡의 전주류씨 일부는 기양서당
과 함께 '개두들'로 이주했고, 그 밖에 80여 호는 경북 선산
군 해평면 낙산동으로 이주하여 '일선리一善里'라는 마을을
형성하고 있다.

안동 지역 의병장의 특징

지금까지 한말 안동 지역 의병대장 성대 권세연(1836~1899), 척암 김도화(1825~1912), 향산 이만도(1842~1910), 운포 이중린(1838~1917), 성남 류시연(1872~1914) 등 다섯 분의 의병장에 대한 활동과 그들의 삶의 궤적을 둘러보았다. 여기서는 이제 안동 지역 의병장의 특징적 성격을 정리하면서 이 책을 마무리하려고 한다.

한말 의병의 대일항전은 약 20년 간에 걸쳐 펼쳐졌다. 이것은 일제 침략 세력을 몰아내고 민족과 국가를 지키기 위해 벌인 대일전쟁이었다. 전기 의병은 그 시작이었고, 1894년 7월 서상철의 안동의병이 그 효시였다. 서상철 의병은 일본군의 경복궁 불법 무력 침략에 반대하여 일어났다. 이듬해 일제가 명성황후 시해 사건과 단발령을 일으키자 이에 반발하여 권세연의 안동의진(1895. 12. 3)과 이만도의 예안의진

(1895. 12. 9)이 일어났다.

이렇게 안동 지역에서 양대 의진이 일어나자 곧이어 예천의진(1896. 1), 문경의진(1896. 1), 영양의진(1896. 1), 봉화의진(1896. 1), 청송의진(1896. 1), 풍기의진(1896. 2), 순흥의진(1896. 2), 영해의진(1896. 2), 김산의진(1896. 2) 등으로 확산되었다. 안동 지역의 의병은 경북 지역 의병의 진원지가 되었고, 경북 지역 의병은 전국 의병 대열의 한 축을 이루었다.

안동 지역 의병장들은 퇴계 학맥을 계승한 인물들이었다. 그 가운데서도 정재학파 문인들이 중심을 이루었다. 안동의진 대장 권세연, 척후장 김홍락, 도서기 류필영, 초모장 권옥연, 2대 대장 김도화, 소모장 류창식, 예안의진 대장 이만도 등 열거할 수 없을 정도이다. 류주목의 문하인 예안의진 대장 이중린, 안동의진 도총 류난영 등의 일부 인사를 제외하면, 안동 지역 의진의 대장은 물론 지휘부 인사들까지도 정재학파의 계보에 속한 인사들이 대다수였다.

이들 의병장들은 옳은 것을 지키고 그릇된 것을 물리친다는 위정척사 정신을 바탕으로, 외침에 맞서 오랑캐를 쓸어내려는 거의소청擧義掃淸의 길을 걸었다. 이것은 곧 유자儒者로서 갈고 닦은 도학적 명분론과 의리론의 소산으로 국가가 외세의 침략으로 위태로울 때 유림이 걸었던 숭고한 길 가운데 하나였다. 또 이것은 의병장들이 유림으로서 일상에서 체득한 주체적 민족의식의 발로였고, 반침략과 반외세의 성격도 여기에서 발현된 것이었다.

　안동 지역 의병장들은 그들이 속한 향촌 사회에서 막강한 영향력을 행사할 수 있는 지도층 인사들이었다. 권세연은 1883년 사원祠院 복설復設 운동에 참여하여 직접 상소문을 작성해 올렸던 인물이었고, 김도화는 퇴계학의 정통성을 계승한 큰 학자로서 영남의 도학자요 문장가로 이름을 떨쳤던 인물이었다. 이만도 또한 퇴계의 11세손으로 문과에 장원급제하여 중앙의 주요 관직을 두루 거친 관인 출신이었고, 이중린도 퇴계의 12세손으로 조부 이휘재가 호조참의를, 부친 이만시가 의금부도사를 지낸 윗대의 가풍을 이어받았으며, 자신도 학문과 행실이 뛰어나 조정에 통덕랑으로 천거되었던 인물이었다. 그럼에도 불구하고 이들은 자신들의 안위安慰는 아랑곳 하지 않고, '이기고 지는 것은 알 바가 아니다.'라고 호언하며, 모든 기득권을 내려놓고 의병대열에 몸을 던진 것이다. '노블레스 오블리주'라는 말이 이런 경우를 두고 하는 말일 것 같다.

　안동 지역 의병장들은 위정척사 이념에 투철하였다. 위정척사는 화(華=문명)를 받들고, 이(夷=야만)를 몰아낸다는 존화양이론과 연결되었다. 권세연은 격문에서 '천지의 위치가 있듯이 중화와 오랑캐의 위엄이 같을 수 없다.'고 하였다. 김도화는 단발령에 대하여 '한 번 머리를 깎으면 영원히 오랑캐가 된다.'고 하였다. 이만도는 '문명을 지키고 야만에 떨어지지 않는 것이 나라와 군왕의 권능을 지키고 위기의 시대를 구하는 길'임을 강조하였다. 이러한 화이론적 인식은 다른 어느 지역보다 안동 지역에서 강도가 높았다. 그러나 한편으로 이 때문에 안동 지역 의병이 전투 의병 및 민중 의병으로서의 성격이 상대적으로 미약했던 한계를 드러냈다. 이것이 항일전에서 전투다운 전투 한 번 일궈내지 못한 전력戰歷과도 관계가 없지 않을 것이다.

끝으로 이들 의병장과 의병들의 궤적은 일제 강점기의 독립운동과 독립군 투쟁의 토대가 되었다는 것을 말해두려고 한다. 이만도는 1910년 나라가 망하자 자정순국의 길을 걸었다. 그의 가르침은 아들 이중업, 며느리 김락, 손자 이동흠·이종흠 형제에 이르기까지 대를 이은 독립운동으로 고스란히 이어졌다. 류시연은 1911년 8월 만주로 망명하여 이상룡·김동삼 등과 만나고, 독립군 자금 마련을 위해 국내에 들어와 활동하다가 붙잡혔다. 그는 1914년 1월 교수형으

로 순국하였다. 안동의진에 깊숙이 참여했던 이상룡은 을사
늑약이 있게 되자 군자금을 모아 의병을 지원하는 한편, 신
돌석·김상태 등의 의병장과 연대를 모색하기도 하였다. 그
는 나라가 망하자 1911년 1월 가솔과 가까운 친척을 이끌고
서간도로 망명하여 독립군의 길을 열어갔다.

이 시대를 살아가는 우리들은 안동 지역 의병장들을 비롯
한 이들 순국선열과 애국지사들의 희생 위에 살아가고 있다
는 것을 분명히 깨달을 필요가 있다. 왜냐하면 그것이 오늘
을 사는 우리 후손들의 도리이자 가치이기 때문이다.

안동 지역 의병 연표

1894(甲午)년

월일(음력)	의병진 활동
7. 23.(6.21)	• 일본군의 경복궁 침범(갑오변란)
7. 25.(6.23)	• 청일전쟁 일어남
8. 2.(7.2)	• 호서충의 서상철 격문 발송 – 안동 도착
8. 14.(7.14)	• 서상철 격문 예안 도착
8. 20.(7.20)	• 서상철이 예안 이만도 방문
8. 25.(7.25)	• 서상철의 안동의진 – 안동향교 거병 실패
9. 초(8.초)	• 안동 일대 대규모 의병진(2,000여 명) 결성 – 상주 태봉 일본군 병참부대 공격 – 실패

1895(乙未)년

월일(음력)	의병진 활동
10. 8.(8.20)	• 명성황후 시해(을미사변)

| 12. 30.(11.15) | • 고종 단발 – 단발령 공포 |

1896(丙申)년

1. 1.(11.17)	• 단발령 시행
1. 11.(11.27)	• 단발령 공문서 안동 도착
1. 13.(11.29)	• 예안통문 발송
1. 15.(12.1)	• 삼계통문 · 청경통문 · 청경사통 발송
1. 16.(12.2)	• 호계통문 · 안동통문 · 하회통문 발송 • 권세연 격문 포고
1. 17.(12.3)	• 봉정사 면회, 안동의진 결성
1. 19.(12.5)	• 안동향교 1,000여 명 회집
1. 20.(12.6)	• 안동부 삼우정에서 향회 개최 – 권세연 대장 추대 • 관찰사 김석중 도주
1. 21.(12.7)	• 안동의진 진용편성 : 대장 권세연, 부장 곽종석, 참모 류연박 등
1. 23.(12.9)	• 예안(선성)의진 결성 – 창의장 이만도, 부장 이중린, 유격장 이인화 • 김도현 영양읍 통문 발송
1. 26.(12.12)	• 안동의진 – 관군 및 일본군 공격 소식 접함 • 안동의진 – 선봉장 김옥서 포군 70명 인솔 예천 출병 대응 • 안동의진 – 중군 류완 40~50명 선봉장 후원 종군
1. 27.(12.13)	• 안동의진 – 우익장 권용현 군정 60명 출진

1. 28.(12.14)	• 안동의진 – 좌부장 이의호 100명으로 대응 • 영양인 김도현과 조영기 – 안동의진과 예안의진을 둘러 봄
1. 29.(12.15)	• 안동의진 선봉장 김옥서 공격 – 백일평전투 – 일본군에 패함 • 안동의진 우익장 및 좌익장 송현 고개에서 합진 – 곧 흩어짐
1. 30.(12.16)	• 관찰사 김석중의 관군 안동부 공격 – 안동의진 퇴각
2. 1.(12.18)	• 관찰사 김석중의 관군 – 안동부 입성 – 단발 강행 • 예안의진 – 안동의진 패배 소식에 해산
2. 초	• 예안의진 창의장 이만도 일월산 입산 • 영주의진 결성 – 창의장 김우창
2. 8.(12.25)	• 이중린 청량산 입산 재기 준비
2. 13.(1. 1)	• 안동의진 – 소모장 류시연이 영양 김도현을 방문·청량산 창의 제의
2. 15.(1. 3)	• 류지호가 단발문제로 관찰사에게 곤욕
2. 16.(1. 4)	• 예안의진 부장 이중린 청량산 재기 – 2차 예안의진 – 이중린 대장 취임 • 안동의진 – 대장 권세연이 진용 수습 – 안동부 재공략 시도
2. 17.(1. 5)	• 김도현의진 – 청량산에서 기병
2. 19.(1. 7)	• 관찰사 김석중 안동부 탈출 • 예천의진 결성 – 창의장 박주상, 부장 장석규
2. 23.(1.11)	• 문경의진 결성 – 창의장 이강년

2. 24.(1.12)	• 예안의진 대장 이중린 전령 '김석중의 머리를 베어 오는 자 천금을 내리고, 주사나 순검의 머리를 베어 오는 자 백금을 내린다.'
2. 25.(1.13)	• 관찰사 김석중 일행 문경에서 이강년에게 체포·농암장터에서 처형 • 안동의진 – 권세연이 이상룡·류시연 등과 안동부 입성 – 안동향교에 설진 • 김도현의진 – 예안 경유 안동부 입성 • 김우창의 영주의병 등 인근 의병진 안동부 입성 • 안동의진 – 소모장 류시연이 30명을 거느리고 청송군의 군기 수거
2. 27.(1.15)	• 김도현의진 – 안동 낙동강 백사장에서 군사훈련·안동의진에 합진 제의 – 실패
2. 28.(1.16)	• 안동부 향회에서 의연금 2천 냥 모금
2. 29.(1.17)	• 김도현의진 – 영양으로 회군 • 영양의진 결성 – 창의장 조승기
3. 4.(1.21)	• 안동부 성청 향회 – 안동 일대 문중과 향교 및 서원별 의연금 약속
3. 초(1.하)	• 봉화의진 결성 – 창의장 금석주
3. 7.(1.24)	• 안동의진 – 진용 개편 : 도총 류난영, 부장 김하림, 중군 권재호(문팔)
3. 8.(1.25)	• 봉화의진 – 금석주가 포정 수십 명을 이끌고 안동부 입성
3. 10.(1.27)	• 호좌의진 소모장 서상렬이 원용정·홍선표 등과 함께 정병 100여 명을 이끌고 안동부 입성

3. 11.(1.28)	• 봉화 · 제천 · 안동의진 - 연무당에서 연합 의식(세 의진 포졸 800여 명 연합 의식 · 황소 3두, 쌀 20두 잔치) • 의진연합 추진 -예안 · 풍기 · 순흥 · 영주 등 7읍 의병대표 예천회맹 결성
3. 12.(1.29)	• 안동의진 - 권세연 대장직 사퇴 • 청송의진 결성 - 창의장 심성지
3. 14.(2.1)	• 안동의진 - 진용개편 : 대장 김도화, 도총 류난영, 중군 권재호, 부장 김하림, 선봉장 류시연, 초모장 이충언 · 류창식, 아장 최세윤, 지휘장 김흥락 · 류도성
3. 중(2.상)	• 풍기의진 결성 - 창의장 김교명 • 순흥의진 결성 - 창의장 홍종선
3. 20.(2.7)	• 안동의진 중군 권재호의 250명, 서상렬의 정병 100명 예천으로 출발 • 예안의진 중군 김석교가 포군 50명을 거느리고 예천으로 출발
3. 23.(2.10)	• 한천寒川 백사장에 집결한 7읍 의병진 회맹의식 - 서상렬이 맹주가 됨, 원용정이 맹약문(5개조)을 지어 맹세, 호좌의진 소모장 서상렬의 100여 명, 안동의진 중군장 권재호의 250여 명, 예안의진 중군 김석교 50명, 봉화의진 대장 금석주의 53명 등 참가
3. 24.(2.11)	• 연합의진 - 예천군수 류인형을 한천 백사장에서 처형 • 영해의진 결성 - 창의장 이수익 • 김산의진 결성 - 창의장 이기찬

3. 25.(2.12)	• 연합의진 – 함창 태봉 공격을 위해 산양으로 출발·예안의진(김도현)이 선봉, 영주·안동·봉화·순흥·풍기·호좌의진이 연달아 출진, 예천의진은 배후 방어 목적으로 벌현筏峴에 설진, 이강년은 조령의 길을 막아 배후 옹호 • 의성의진 결성 – 창의장 김상종
3. 28.(2.15)	• 7읍 의진 용궁을 거처 산양에 집결 – 밤을 틈타 태봉으로 출진 – 안동의진은 상주 덕통역, 호좌의진은 함창, 영주·순흥·예안의진은 상주 포내촌浦內村, 풍기의진은 견탄犬灘의 당교, 봉화의진은 상주 동산촌 유진留陣 • 이날 밤 호좌의진 – 함창에서 일본군에게 패함
3. 29.(2.16)	• 연합의진 – 아침 일본군 병참부대를 공격 개시·7~9시간 전투 – 의병 30여 명 사상자 발생 – 각 진 흩어짐 • 서상렬은 예천 문경 평천으로 회군, 안동의진은 예천 안동, 예안의진은 학가산 예안, 봉화의진은 산양·경진·풍산으로 퇴각
3. 31.(2.18)	• 예안의진 중군 김도현이 태봉전투 패배 – 예안으로 회군
4. 1.(2.19)	• 신임 관찰사 이남규 – 풍산 하회에서 각 의진에 효유문 발송 • 안동의진의 요청으로 예안의진 중군 김도현이 50명을 이끌고 안동으로 출진 – 안동부에 도착 – 안동부가 이미 불타고 있었음

4. 2.(2.20)	• 예안의진 김도현 – 예안으로 회군 • 안동의진 – 안기역에 유진 • 대구 일본군 제3대대 소속 병력 50여 명과 순검 수십 명이 안동부에 방화, 민가 1천여 호 완전 소진
4. 4.(2.22)	• 예안의진 김도현 – 예안의진 중군장 사퇴
4. 7.(2.26)	• 진보의진 결성 – 창의장 허훈
4. 10.(2.28)	• 안동의진 – 송천으로 이진
4. 12.(2.30)	• 안동의진 – 송천유진소에서 도회 개최
4. 25.(3.13)	• 봉정사에 유진하던 안동의진 진영 정비
5. 초(3.하)	• 안동의진 – 진용 정비 : 좌익장 최세윤, 부장 김도현, 군사 서상렬, 종사관 이긍연, 부장 권연옥
5. 16.(4.4)	• 봉정사 주둔 안동의진 – 일본군의 공격에 크게 패함 • 안동의진 – 이후 영양·춘양·소천 등 소백산 일원을 전전함 • 봉정사 주둔 일본군 – 각처에서 재산 약탈, 부녀자 겁탈 등 만행 • 안동의진 – 예안·봉화·호좌·예천의진 등 열읍 의병진과 연합하여 항쟁
5. 17.(4.5)	• 서상렬이 류난영을 호좌의진에 감금(류난영이 관찰사 이남규와 내통한 혐의)
5. 21.(4.9)	• 서상렬이 류난영을 석방

5. 29.(4.17)	• 일본군 - 예안을 침공 • 예안의진 - 청량산으로 이진 전열 정비
5. 31.(4.19)	• 선유사 이만윤·류도위·장석용·정의묵·김근연 등 고종의 효유문을 가지고 각 의진 해산 종용 • 일본군 퇴계 종택 방화(건물·문서·서책 1,400여 권 소각) • 강릉의진 - 대장 민용호, 선봉장 김도현 등이 관군과 삼척전투 - 오십천변으로 퇴각 - 김도현의진은 영양으로 회군
6. 1.(4.20)	• 일본군 - 청량산 청량사와 오산당 방화
6. 10.(4.29)	• 예안의진 - 향회 개최 뒤 포정 각지 분산
6. 16.(5.6)	• 김도현의진 - 민용호의 초청으로 강릉에 갔다가 영양으로 회군
6. 22.(5.12)	• 김도현의진 - 관군의 공격으로 입암전투와 소청전투 - 패배
7. 8.(5.28)	• 예안의진 - 사통으로 김도현에 합진 요청 - 선봉장 이인화와 소모장 신공필 등이 김도현과 함께 경북 북부 지역에서 활동
8. 16.(7.8)	• 안동의진 - 향회 개최, 군수 홍필주가 참석 - 해산 종용
8. 22.(7.14)	• 김도현이 각지를 전전하다 영양에 돌아옴, 영양향교에서 유진하던 안동의진 선봉장 류시연과 만남
9. 초(7.하)	• 예안의진 3대 대장 이인화 취임

9. 5.(7.28)	• 예안의진 3대 대장 이인화가 부포 서재의 김도현을 초청 • 김도현이 이인화의 의병소 삼백당을 내방
9. 6.(7.29)	• 관군 40명이 예안을 공격 - 예안의진 의병소 삼백당을 소각 • 예안의진 - 4대 대장 이찬화는 의병을 수습 - 관군 추격
9. 중(8.중)	• 고종의 〈칙영남의진〉 도착
9. 20.(8.14)	• 예안의진 - 향회 개최 뒤 의병을 해산(추정)
9. 25.(8.19)	• 안동의진 - 대장 김도화가 물러남 - 안동의진 해산
10. 1.(8.25)	• 안동의진·선봉장 류시연이 무기 반납 후 귀가 - 안동의진 완전 종결
10. 15.(9.9)	• 김도현의진 해산 - 전기 의병 종결

1900(庚子)년 이후

1900. 1.10. (1899.12.10)	• 성대 권세연 별세(65세)
1905. 11.17.	• 을사늑약 체결
1906. 2. 8.	• 경주 열읍 의병 대표자 회의 - 류시연이 영남의병 지휘장에 추대
1907. 2.	• 류시연의진 - 예안분파소 공격
1908. 1.	• 박처사의진 - 임동면 편항에서 자위단 공격, 군자금 확보

1908. 2. 28.	• 류시연의진 – 일본군 토벌대에게 황산사에서 병사 43명 전사, 이후 활동 중단
1908. 5. 4.	• 박처사(박인화) – 안동 임동에서 밀정(변장대)에게 피살 순국
1910. 10.10. (9.8)	• 향산 이만도 자정순국(69세)
1911. 8.	• 류시연 · 만주 망명 · 이상희 · 김동삼, 차병국 · 표팽영을 만남
1911. 말경	• 류시연 – 군자금 모금차 귀국
1912. 9. 17. (8.7)	• 척암 김도화 별세(88세)
1913. 6. 10. (5.6)	• 류시연 – 군자금 모금 활동 중 영주 문수면 반구시장에서 밀정에게 체포
1913. 11.29.	• 류시연 – 대구복심법원에서 사형 선고
1914. 1. 29.	• 류시연 – 대구감옥에서 교수형으로 순국(42세)
1914. 12.23. (11.7)	• 김도현 – 영해 대진 앞바다 도해 순국
1917. 1. 20	• 운포 이중린 별세(88세)

참고문헌

[자료]

권세연, 《성대선생문집星臺先生文集》

권제녕, 《의중일기義中日記》

김도화, 《척암전집拓菴全集》(상·하)

김정섭, 《을미병신일록乙未丙申日錄》

이만도, 《향산문집響山文集》

이만도, 《향산일기響山日記》

이강호, 《청구일기靑邱日記》

박주대, 《나암수록羅巖隨錄》

조성길, 《병신년창의기丙申年倡義記》

금석주, 《일기日記》

박주대, 《저상일월渚上日月》

심성지, 《적원일기赤猿日記》

이긍연, 《을미의병일기乙未義兵日記》

이중린, 《운포유고雲圃遺稿》

조박용, 《조박용약기趙博容略記》

류규원, 〈류의사전柳義士傳〉(《독립운동사자료집》3, 1971)

박정수, 〈운강선생창의일록雲崗先生倡義日錄〉(《독립운동사자료집》
1, 1971)

김도현, 〈창의전말倡義顚末〉(《독립운동사자료집》2, 1971)

이정규, 〈창의견문록倡義見聞錄〉(《독립운동사자료집》1, 1971)

조선총독부경무국, 〈폭도에 관한 편책暴徒ニ關スル編冊〉(《한국독립운
동사》, 자료·의병편, 8~11, 1968)

조선총독부경무국, 〈폭도사편집자료暴徒史編輯資料〉(《독립운동사자
료집》3, 197)

조선주차군사령부, 〈조선폭도토벌지朝鮮暴徒討伐誌〉(독립운동사자
료집》3, 1971)

권대웅·김희곤 편, 《한말의병일기韓末義兵日記》, 국가보훈처,
2003.

[저서]

구완회, 《한말의 제천의병》, 집문당, 1997.

김상기, 《한말의병연구》, 일조각, 1997.

김희곤, 《안동 사람들의 항일투쟁》, 지식산업사, 2007.

김희곤, 《나라위해 목숨바친 안동선비 이중언》, 경인문화사, 2010.

박민영, 《거룩한 순국지사 향산 이만도》, 지식산업사, 2010.

정진영 외, 《안동의 근현대사》1(통사), 안동시, 2010.

조동걸, 《대한제국의 의병전쟁》(우사조동걸저술전집 04), 역사공간, 2010.

권대웅·권영배, 《경북독립운동사》1(의병항쟁), 경상북도, 2012.

[논문]

권오영, 〈정재학파의 형성과 위정척사운동〉, 《한국근현대사연구》 10, 1999.

김희곤, 〈안동의병장 척암 김도화(1825~1912)의 항일투쟁〉, 《역사교육논집》 23·24합집, 1999.

권오영, 〈19세기 안동유림의 학문과 사상〉, 《대동문화연구》 36, 2000.

권대웅, 〈을미의병기 안동유림의 의병투쟁〉, 《대동문화연구》 36, 2000.

한준호, 〈안동출신 의병장 류시연(1872~1914) 연구〉, 안동대 석사학위논문, 2004.

강윤정, 〈정재학파의 현실인식과 구국운동〉, 단국대 박사학위논

　　　문, 2006.

박한설, 〈초기 안동의병의 임원명단 "안동의소파록"에 관한 연
　　　구〉,《안동사학》11, 2006.

장인진, 〈운포 이중린의 척사정신과 의병항쟁〉,《영남학》9, 2006.

김희곤, 〈예안 선성의진과 온혜마을 인물의 역할〉,《온계가의 학문
　　　세계와 현실대응》, 한국국학진흥원 학술발표논문집, 2006.

권영배, 〈대구·경북지역 의병운동의 연구 성과와 과제〉,《안동사
　　　학》13, 2008.

권영배, 〈벽산 김도현(1852~1914)의 의병활동과 도해순국〉,《조
　　　선사연구》20, 2011.

[기타]

성균관유도회안동지부,《우국지사 향산 이만도선생 순국88주년기
　　　추모학술강연회》, 1997.

성균관유도회안동지부,《우국지사 척암 김도화선생 추모학술강연
　　　회》, 1998.

안동청년유도회,《을미년 안동의병장 성대 권세연선생 추모학술강
　　　연회》, 2007.

국가보훈처,독립유공자공훈록(http://www.mpva.go.kr/
　　　narasarang/gonghun_list).